孔丹 口述

米鹤都 编撰

难得本色
任天然

生活·读书·新知 三联书店

1960 年代初期的全家福。中排左一为孔栋，左二为大嫂孙玉珍；
后排左一为大哥陈模，左二为孔丹

1936 年，中学时期的许明

1939 年，母亲许明在延安窑洞前

1939年在延安，父母和邓小平、卓琳夫妇同天结婚。左起许明、孔原、卓琳、邓小平

1943 年，父亲和董必武在重庆红岩嘴合影

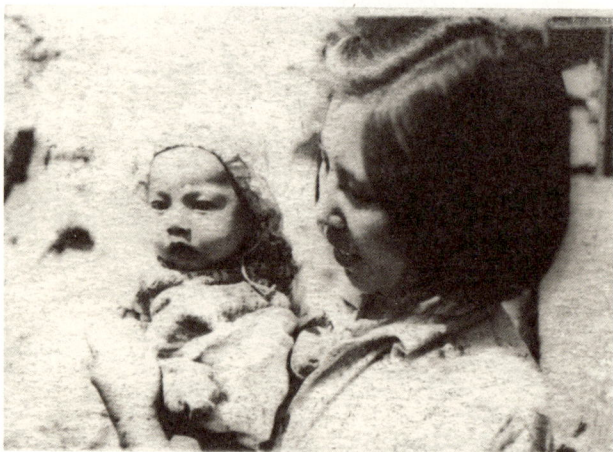

1941 年，母亲与后来夭折的第一个女儿在延安

1948年，母亲和我们哥儿俩于抚顺

1948年，父亲在延吉抱着我

1949 年，母亲和弟弟孔栋于抚顺

1949 年，父亲和我在抚顺

1948 年，父亲和我在延吉

1949 年，父母、姥姥和我于抚顺

1949 年，母亲和我于抚顺

1949 年，母亲抱着我们哥儿俩，于抚顺

1950 年初，父亲带着我们
哥儿俩，于北京

1951 年，父母和我们哥儿俩

1950 年代，父亲与蔡畅（右一）

1950 年代，父亲（右一）和帅孟奇（右二）、钱瑛（右三）

1950 年，时任海关人事处长的母亲在讲话，于北京

1955 年，时任外贸部副部长的父亲（右一）与朱德（右二），
于山西大同天镇火车站

1956 年，母亲许明在周恩来总理办公室工作，于北京中南海西花厅

1959 年，周总理在庐山人民剧院，许明（左一）陪同。
（图片取自江西庐山博物馆展览图）

1960 年代，父母合影

1960 年代，父母合影

1960 年代，母亲和周总理办公室
同事童小鹏，于北京中南海

1960 年代，父母合影，
于北京中南海

1960 年代，母亲于北京中南海西花厅

1960 年代，周总理、邓颖超和总理办公室的工作人员合影，于海南三亚。第二排左四为母亲许明

1960 年冬，父亲与老战友于海南三亚合影。左起孔原、刘澜涛、李伯钊、
杨尚昆、胡乔木、徐冰

1960年夏，父亲（右三）随陈毅副总理出访阿富汗回国，耿飚和夫人赵兰香（左一、左二）、陈毅夫人张茜（右二）、母亲（左三）到机场迎接

1963 年 12 月，父亲（右一）随同周总理（前排左三）和陈毅副总理（右二）访问亚非 14 国时，于埃及开罗参观狮身人面像

1964年，父亲（左一）随同周恩来总理访问亚非14国归来时，毛泽东、刘少奇等领导到北京机场迎接

1963年12月，父亲孔原出访，于阿尔巴尼亚地拉那

1964 年，父亲随周总理访问亚非 14 国时在迎宾车队中，于加纳一城市

1979 年，粉碎"四人帮"后，为许明同志平反，并于北京八宝山举行追悼会。前排左起：李井泉、方毅、余秋里、李先念、王震、邓颖超、耿飚，第二排左二王首道、左三康世恩

許明同志骨灰安放仪式
1975.9.20日

1975 年，多位老同志出席母亲许明骨灰安放仪式，于北京八宝山。前排左起：伍修权、袁任远、王震、吴德峰、吴庆彤、罗青长、吕正操

1979 年春节，父亲（左一）、杨尚昆（左二）、屈武（左三）、
习仲勋（左四）合影于广州

孔丹其人

　　孔丹，1947 年生于吉林延边，"文革"前为北京四中 1966 届高中毕业生。他出身于一个红色家庭，父亲孔原为原中共中央调查部部长，母亲许明为国务院副秘书长。他初中进入北京四中读书，逐渐显露才华，毕业时获北京市"优良奖章"，被保送进入北京四中高中。他自高二年级起就担任校团委副书记，"四清"运动后恢复在中学生中发展党员，他即成为北京市第一批中学生党员，市级的模范学生。"文革"初期，他作为四中校文革主任，本着自己对于群众运动的认识和独立思考，建立起北京市中学独具一格的年级团支部的领导体系，希望将学生运动纳入团组织的控制之下。随后，他与陈小鲁、董良翮一起，发起、组织了首都红卫兵西城纠察队，并成为主要负责人，连续发布十个"西纠"通令，力图在动乱中建立秩序。"西纠"后被"中央文革"视为压制群众、干扰大方向而勒令解散，他本人因此入狱。他的父母均被江青在大会上点名为"西纠黑后台"，直接导致其父被关押多年、其母自杀的惨剧。出狱后，很长一段时间，他被作为异端分子对待，1968 年因反"中央文革"再次被学校当局关押审查。孔丹后赴陕北插队四年，回城后在经济研究所做资料员，1978 年以同等学力考上吴敬琏的硕士研究生，成为其开门弟子。硕士研究生毕业后，他曾任国家经委主任张劲夫的秘书，后转入光大集团和中信集团工作。在从事央企的管理工作期间，他先后主持了这两大集团三次重大危机的应对和处理，挽救了国家和公司财产，并把危机转为商机获得发展。在他率领下，中信集团取得重大发展，进入"世界 500 强"，成为央企盈利大户，并建立起一个持续稳定的发展模式。退休之后，他依然在关注和思考着国家民族的历史命运和发展路径，研究和探索着大型国企的中国式发展道路。

写在前面

伴随着中华人民共和国共同成长起来的一代人，被称为共和国的同龄人。

对于一代人的划分，并不完全按照生理上、年龄上的因素，而着重于"代"的特征，包括行为习惯、思维模式、情感态度、人生观念、价值尺度、道德标准等等。笔者在中央文献出版社2011年出版的《心路——透视共和国同龄人》一书中，试图把它归纳为在特定社会背景下形成的，具有共同的社会经历、思想体验、行为模式和历史性格四个方面。具体而言，对这代人的主要界定标志，则是他们在红卫兵运动、上山下乡运动和改革开放中经历的三次共同洗礼，以及那种特殊环境下的思想体验，以及由此形成的、具有一定共性的行为模式和历史性格。也就是说，特殊的经历是形成一代人的关键因素。

这一代人的蹉跎岁月，始终伴随着中华人民共和国的命运而跌宕起伏。经过一个甲子岁月的打磨，这些当年"早上八九点钟的太阳"，已经步入"夕阳无限好、只是近黄昏"的今天。当共和国已经蓬勃发展并迈向"从心所欲"的时候，这些同龄人，有的在否定之否定后站在了新的历史起点，也有许多依然未能彻底走出他们的青春梦魇。总之，这是极为特殊的一代人。他们当中，有太多的经历要记录，有太多的感慨要倾诉。笔者所做的"回忆与反思"口述史丛书，记述的就是他们的经历。孔丹口述的《难得本色任天然》，即为其中之一。

"回忆与反思"口述史所涵盖的历史时段为中华人民共和国建国后至今的六十年，以这代人的红卫兵运动、上山下乡和改革开放三段主要经历为线索，以"老三届"为主体并兼顾上下，以北京为主要采访地亦涵盖全国，以那些深度参与历史事件以及具有传奇色彩的人物为具体的访谈对象。通过众多个体的口述史视角，我们期冀，记录下这一代人的传奇：他们是谁？他们怎样成长？他们如何走过动荡的六十年？他们用青春换取的教训是什么？以及他们今天对人生和历史的反思。或许从他们各异的人生角度和思索中，可以或浓或淡地勾勒出这一代人粗犷的轮廓，从而对渐行渐远的历史失忆弥补于万一。在今天高楼大厦鳞次栉比、处处繁荣之时，我们依稀记得一个朴素的真理，那就是：一个不能正视自己过去的民族，是永远无法真正崛起的！

不言而喻，"回忆与反思"口述史无法避免当代人写当代史的重大缺陷，可以说每个受访者也难以对自己的经历不掺杂个人的感情色彩。同时，它也受限于人类趋利避害的天然心理趋向，人们的记忆往往会出现选择性的遗忘。因此，口述历史的局限是显而易见的。

目前，学术界对于口述历史这种形式的认识尚不一致，我们所做的也只能是一种探索。在形式上，口述史为保持文体的连贯性，全部采用第一人称的自述体裁。这不仅便于梳理受访者的历史和思想脉络，也更便于读者阅读。在内容上，我们对口述者的基本观点和认识不做任何修正，对口述涉及的庞杂史实原则上不做考据订正。文字的定稿，均经过口述者的修订和认可，其内容最终由口述者本人负责。

古罗马哲人马克·奥利略曾这样说过："我们之所闻，仅仅是一种观念而非事实本身；我们之所见，只能是一个视角并不代表真理。"我们认为，用这句话为口述史定性是比较恰当的。口述历史本身就意味着它不是完全意义上的史学研究，更不等同于"信史"，即便通过加工整理，也只能是受访者认识水平上的个人观察。相对于历史全貌和真实，难免有"瞎子摸象"般的片面和"只缘身在此山中"的局限。敬请读者留意该种历史读物的特点。

《难得本色任天然》的问世，是我们编撰出版"回忆与反思"口述史丛书的一个开端。在浩瀚的历史面前，尽管我们做的只是对沧海一粟的记述，但是我们将尽力而为之。

历史如一幅复杂而斑斓的拼图，只有集各种不同的视角，方可重现当年的主要历史场景。在这代人即将走出历史舞台的今天，目前尚缺乏对这代人全面准确的记载和客观公正的评述。这代人不仅有责任率先正视自己的历史，也有义务把自己的历史和反思留给社会。

最后，感谢三联书店和责编唐明星女士，感谢参与编撰口述史团队工作的诸位采编和朋友，正是大家共同的努力和帮助，才使我们能将这本书呈献于读者面前。

米鹤都

2014 年 5 月

目　录

来自安源的学徒　　1

世家才女　　10

浪子回头　　16

成长的环境　　24

"四六八学潮"　　30

年轻的共产党员　　38

风起于青萍之末　　45

批斗校长老师　　50

被动成立红卫兵　　56

"西纠"及其通令　　63

"西纠"的活动　　70

母亲与"西纠"　　77

"西纠"祸及父母　　85

囹圄生活　　91

《解放全人类》报　　99

陕北的"受苦人"　　106

穷旅游　　111

窑洞里的日子　　114

我看上山下乡　　118

回到北京　　126

今天看"文革"　　134

跨越本科　　143

为劲夫同志做秘书　　151

清理"三种人"　　158

走进光大　　165

光大 16 年　　169

访日之旅　　181

转进中信和更名改制　　183

中信银行上市　　190

不知明年今夕是何人　　195

"兄弟俩央企"　　201

完美收官　　207

"论定"何须待"盖棺"　　216

来自安源的学徒

　　我的祖籍是江西省萍乡市安源的张家湾村，也就是毛主席搞"秋收暴动"的策源地。我的祖父叫陈包春，是个农民，但家里没有什么土地。他小时候上过私塾，后来就到南货店和药店当学徒，算是个沾点边儿的小工商业者吧。我父亲小时候聪明伶俐，也在私塾读书，而且学得很好，但后来因为家境不好还是辍学了。他也当过很多行当的学徒，如药店伙计、挑剃头担子的学徒等，都是为了生计。我父亲就在这么一个勉强温饱的家境长大。

　　前两年我回了趟老家，实地看了以后真有一些触动。我在想，父亲怎么就走上了革命的道路，最后成了做官儿的呢？回来后，我又把父亲的传记拿出来看。原来，他参加革命，最早是有个表哥把他带到了安源煤矿。在那里，他看到了煤矿工人的悲惨境遇，十分同情。那时，中国的工人运动已经开始发展起来了，他也接触到了那些早期的共产党人和青年团员，逐渐就被卷进去了。对于他为什么参加革命，我也曾问过他本人。他说，那时安源有学生的进步组织，有团的组织，他们启发我、吸引我，觉得我这个人还不错，思想进步，就吸收我参加了青年团。后来又让我到萍乡中学去工作。我上萍乡中学还是组织帮了忙的。当时进中学还要考英语，我怎么会英语呢？于是组织上派人给我打pass，传过来一个纸条让我抄。这样，我才上了萍乡中学。

我姓孔，但我家和孔夫子的孔家一点关系也没有。我父亲原名陈开远，上萍乡中学后，他就改叫陈铁铮了。因为当时组织上除了找人帮他考英语外，还用了别人的一个证件。在做假证件的时候，他们发现繁体的"鐵錚"两个字笔画特别多，用笔画多的字就可以掩盖住证件上原来名字的痕迹，所以就叫我父亲改名叫陈鐵錚了。再后来，我父亲做地下工作时又曾化名叫陈坤元，大家都叫他坤元。江西、湖南一带的发音，"坤元"音似孔原，就这么叫成"孔原"了。

大革命时期，我觉得多数人都不是那种主观意识很强，经过充分学习研究，形成对理论的理解，以至在一定信仰基础上去选择的道路。而是被某一种新思想吸引了，当一个社会潮流涌过来，它的张力强大到足以把很多人卷进去。我用"卷进去"这个词来形容，是因为那个时候学校里有进步组织，有共产党、青年团，还有外围组织，是组织吸收了像我父亲这样的青年。我觉得我父亲当时似乎没有进行很自觉的选择，甚至都没有来得及做任何真正深入的思考，包括对共产主义的理解等等都还谈不上，而是革命的潮流把他卷了进去，这与今天青年人的选择是很不一样的。我还记得我18岁入党时，父亲曾说："说起来，我那时入党还没有你孔丹水平高啊。我不像你们读了很多书，对党有理论上的了解。

我当时就是参加学生运动，后来做了审判土豪劣绅的法庭庭长。"

五四运动后，在中国兴起了爱国救亡的政治运动，青年学生是积极响应的。我父亲看起来也文质彬彬，好多人说他戴个金丝边的眼镜，就像日本的西园寺公一①，有点知识分子的味道。其实他当时就是个连初中还没毕业的小知识分子，和陈云同志的学历有点相似。党内很多人都说陈云是大知识分子、革命理论家，可陈云同志填写学历时，文化程度一栏就填"小学"。当年的共产党人大多就是这样的一点儿文化程度，却使他们很容易接受了当时的新思潮，以至在革命大潮来临时被卷进去。

1920 年代初期，安源的产业工人已经相对很集中了，安源煤矿和株萍铁路有一万多工人，再加上几千失业工人，是当时中国工人阶级最集中的地方之一。1921 年中国共产党成立后不久，毛泽东、李立三、刘少奇等人就来到安源了解情况，李立三留下来组织工人、发展党员。那个时期安源的共产党员可能占了全国的一半甚至更多，可以想象当年那个地方共产党的力量有多大。当地工人运动轰轰烈烈，影响很大，形成了一股社会浪潮。1922 年 5 月，安源路矿工人俱乐部成立，从此开始了有组织的工人运动。后来，路矿主和工人的利益冲突引发了安源工人大罢工②。那次罢工由李立三、刘少奇等人领导，在党史上是一个很好的案

---

① 日本 20 世纪的知名政治家，日中友协的创始人。——编撰者注
② 1922 年 9 月，江西的安源路矿当局拒绝发放长期拖欠的工人工资，并试图解散工人俱乐部。毛泽东、刘少奇赶到安源，准备大罢工。9 月 12 日深夜，李立三为总指挥，刘少奇为俱乐部全权代表，领导近两万路矿工人举行大罢工。9 月 18 日，在工人们的坚决斗争下，路矿当局终于屈服，签订了十三条协议。这次大罢工取得了胜利。——编撰者注

例，有组织、有策略，取得了很大成功，因此经常被人们传颂。可以对比的就是"二七大罢工"，那次损失就惨重了。

到了1925年9月，安源的工人俱乐部被武力解散。一部分工人就南下广东参加了国民革命军的北伐。在第四军的叶挺独立团中，萍乡路矿工人就占到总人数的三分之二。所以，叶挺独立团在北伐中特别能打仗，战功赫赫。还有一些工人，这时回到了农村。1927年9月，毛泽东领导了湘赣边界的"秋收暴动"，这些萍乡路矿工人也有相当一批参加了暴动，是起义部队的主力之一。

我父亲当时也参加了南昌起义。起义失败以后，他转到苏联的莫斯科东方劳动大学学习，那次才系统地接受了关于共产党理论的训练。他回国后，当过中共江苏省委的组织部长，接着做了两年中共中央组织局的组织部长。后来他又到上海，做了中共中央的北方代表，曾在这个很重要的位置上工作过一段时间。

1930年代他做中共中央的北方代表时，不过也就是二十五六岁，柯庆施还是他的下级。我有时都很难想象，他年纪轻轻，却曾经在党内执掌这么大的权力，所以人们说孔原是年轻的老资格。

但是，我父亲在党中央工作的这一时期，恰恰是"左"倾路线在党内占主导地位的时期。无疑，他是当时"左"倾路线的一个重要执行者。在中央红军到达陕北之前，他曾派郭洪涛、朱理治到陕北。郭、朱去了以后，整了高岗、刘志丹等陕甘红军的一大批干部。那时的共产党，组织纪律十分严明，中央代表派出去的几个人，就可以对当地的党组织和红军根据地进行翻天覆地的整肃。这件事在我父亲的革命生涯中，是一个严重的错误。"左"倾路线的后果，如《党的若干历史问题的决议》^①中表述的，就是红区损失了百分之九十五，白区损失了几乎百分之百。

后来有人和我开玩笑说，你父亲也是个"老运动员"了。确实，他历史上犯过错误，也挨过几回整。虽然在一些历史问题上，党内还是有不同意见的。比如我父亲去世时，郭洪涛来吊唁，他直截了当地表示了对《党的若干历史问题的决议》的意见，认为关于西北问题的结论是不公平的。但我听父亲自己讲起这段历史时，没有任何的抱怨，他对组织的结论心悦诚服。他反思这段历史的时候对我说："你看我们这些人，那时受苏联的影响，受苏共的影响，犯了不少错误，还是山沟里的马克思主义高明。"后来我才懂得父亲反思的意义。

在这次犯错误之后，组织上又派他去苏联的列宁学院学习，在莫斯科中山大学还授过课。曾庆红老大哥后来对我说，他父亲曾山和我父亲在列宁学院的时候，实际接受的是情报工作的训练。2011年我第一次去莫斯科时，专门找到了当年的列宁学院。老建筑上还雕刻着马克思、恩格斯、列宁的画像，不过那里现在已经变成了一个档案馆。

抗日战争爆发后，我父亲跟毛泽民、陈潭秋两个人一起回国。途经新疆的时候，那两个人被盛世才留下来工作，后来被盛杀害了。我父亲只待了一段时间，就奉召回到了延安，算是幸免

---

① 1945年中共中央七大通过的决议案之一，内容主要是批判毛泽东主导中共中央之前的"左"、右倾机会主义。——编撰者注

于难。到延安后，第一个和他谈话的就是毛主席。他对毛主席说："我是犯了错误的。"毛主席说："没有什么关系，你也挨过王明的整嘛，王明是家长制。"我父亲说："是的，我给王明提了点儿意见，他就对我很严厉。王明就是家长制。"毛主席说："你回来了，就安排你到社会部做副部长。"

当时中央社会部的部长是康生，第一副部长是李克农，我父亲排第三位。可见，中央对他仍很重视。后来又调他到周总理主持的南方局工作，任南方局组织部长，宋平、荣高棠在那里做干事，当时董必武是南方局的宣传部长。解放战争时期，他又跟着队伍到东北，先后做过沈阳的书记、延吉的书记、吉林的书记、抚顺的书记。

1949年进了北京，总理找他谈话，要他去海关总署工作。父亲说："我不知道什么是海关啊？海关做什么啊？"总理说："那你就去学嘛，去了解嘛！"这样，我父亲就做了第一任的海关总署署长，后来还兼任外贸部的副部长。在他任内，制定公布了中华人民共和国第一部《海关法》。1957年，他被调到中共中央调查部，任常务副部长。李克农去世后，他接任部长。党中央系统当时有五个部：组织部、宣传部、统战部、联络部、调查部。调查部的名字是毛主席起的，实际就是情报机构。调查部当时不负责反间谍，主要负责境外的工作。他在中央调查部工作了九年，在中国的情报工作史上也不算短了。

调查部的一些老同志至今还是很怀念他，也怀念那个时期简单有效的工作方式。他们羡慕我父亲当年可以和毛主席、周总理、陈毅等中央领导直接联系、沟通，直截了当地解决问题。比如说那时每个周末都有舞会，周总理、陈毅同志经常去，毛主席、朱老总有时也去。由于过去革命战争中形成的亲密关系，他们周末往往在跟总理参加舞会、看电影的场合，碰到一起就把工作汇报了。不像现在和领导层的沟通，有很多层级和程序的限制。当时，陈毅是国务院外事办公室的主任，我父亲和廖承志、张彦都是副主任，所以出头露面的事情也很多。1964 年周总理访问 14 国，就是由他跟着做对外安全工作。

如果把共产党的高级干部看作一个领袖集团的话，我父亲这批人都在这个领袖集团之内。他们不像发达国家的官僚，不仅没有受过专业训练，其中绝大多数的干部也没有受过高等教育。他们那一代的使命就是夺取政权，再执掌政权。说起来也是一个奇迹，十年内战，加上八年抗战，再加三年解放战争，建党 28 年就把政权拿下来了。他们和历代农民起义的改朝换代有什么不同呢？这个不同就在于他们有全新的民族独立和解放的方向和目标，他们要达到的那个"彼岸"与农民起义不一样。"民主"这个词，在毛主席的著述中，特别是后期的国共合作与斗争中，以至建立共产党政权的过程中，使用的频率非常高。这反映出当年那一代人的精神追求。有时候，我近距离地观察他们，也没觉得他们有什么可以令人高山仰止的感觉，可能离得太近就觉得他们也是普普通通的人。但是，就是这么一批人夺取了政权，组建了这个新的社会。我父亲他们就是这么走过来的。

我父亲是 1906 年生人，1924 年入团，1925 年转党，那年他才 19 岁。我母亲后来入党时才 17 岁。这也反映出在中国动荡的年代，青年人的那种思想活力，使他们成为参与社会变革的动力。共产党也正是因为广泛地吸引了各个阶级、阶层的青年人，才能不断壮大自己直至取得胜利。我父亲当年参加革命，我想这与他有点文化知识和对新思想的向往有关吧。毕竟同村还有那么多人没有参加革命，参加了革命没有坚持下来的也有的是，坚持下来后来牺牲了的就更多了。

就我老家江西萍乡这么一个小地方，当年就不知有多少人被卷入革命队伍，多少人牺牲了！江西省有名有姓的烈士三十多万，在全国各省里面可能是最高的，其中有不少同志被误认为"AB团"①成员而被错杀。当时杀"AB团"很残酷，比如甲乙两个人认识，是一个村子的，甲说乙是反革命，结果就把乙揪出来杀了。那次清党，包括廖承志在内都差点儿被杀了。

萍乡当年最出名的共产党人是张国焘。如果张国焘是个正面人物的话，那萍乡可就出了大领导了。他的弟弟叫张国庶，也曾做过江西的省委书记，后来牺牲了。因为张国焘的问题，张国庶也长期不能得到正名。我父亲在20世纪80年代专门找过杨尚昆和冯文彬等，提出应该给张国庶正名。后来，这事得以解决，明确了他是革命烈士。除了他们兄弟之外，萍乡那个地方在共产党里最大的"官"就是凯丰和我父亲了。我父亲后来成了党的高级干部，当了部长，成为党的六大和八大的中央候补委员、十一大

---

① "AB团"来自英文"反布尔什维克"（Anti-Bolshevik）的缩写，全称为"AB反赤团"，是北伐战争时期在江西建立的国民党右派组织。而反"AB团"，则是一场严重的红军内部的肃反扩大化运动。中共中央党史研究室编写出版的《中国共产党历史》上卷认为：肃清"AB团"和"社会民主党"的斗争，是严重臆测和逼供信的产物，混淆了敌我，造成了许多冤假错案。——编撰者注

的中央委员等。现在他的母校萍乡中学的校名是他题写的，校园里还有他的一个雕像。当地把他当人物了，是萍乡走出去的革命家。这些经历和荣誉，对他个人固然重要，但更重要的是，他是一个幸存者。

世家才女

我母亲的老家在河北沧州。沧州靠海，是个对外交流频繁的地方，在河北算是比较开放的地区吧。她出身于一个与父亲截然不同的官僚家庭。我姥爷叫朱佩兰，字蔼亭，做过清末的四品知府，在民国时期做过税务官。他还是个书法家，字写得很有风格。

我母亲原名朱玉筠，在革命生涯中改名为许明。她与姥爷都被列入河北《沧县志》之中。她自幼就非常聪明，而且又非常勤奋。从小，父母亲就都很喜欢我，一个重要原因就是我比较像我母亲，当然不只是长得像，主要在于我继承了母亲的聪明和勤奋。我女儿老说："爸，我怎么脑子没你好使呢？"我就说："你没爸爸努力呗。"其实，人光靠天资是不够的，更需加上勤奋。这点，在我母亲身上表现得尤为明显。我母亲的字也写得非常好，研习书法，应该说是旧时官僚和知识分子家庭的一个传承。后来，她教我写字的时候，先教我隶书，再临魏碑，然后再临欧阳询、柳公权，最后落在柳公权上。不过，由于日久荒疏，我现在的字实在不入流，远远不能与我姥爷和母亲的书法相提并论。

我父亲在乡里算是一个聪明的小伙子，我母亲在乡里则是个出类拔萃的好学生，算是个才女吧。当年河北省的高中统考，她是全省的第一名。她在河北省省立第二中学读书时，共产党就在学生里发展党员。党组织看到哪个学生思想进步、学习好、人品好，就将其作为重点发展的对象。组织上觉得我母亲有活动能力，口才也好。所以，她很早就被发展入党了。我认识的多数长辈女同志，除了几个老大姐，像邓（颖超）妈妈、蔡（畅）妈妈、帅（孟奇）妈妈啦，其他都是"三八式"，即抗日战争期间入党的干部。而我母亲比她们稍早一些，她是在1936年，17岁那年入的党，算是土地革命时期的党员。她当年参加了"一二·九运动"，也是组织者之一。后来她没有继续上大学，而直接去了延安。

我父亲有个前妻，叫张越霞。因此，我还有个同父异母的哥哥。因为我父亲后来去苏联，他们就分手了，张越霞又嫁给了博古。抗战初期，我母亲到延安后被安排在中央社会部做秘书，正好坐在我父亲对面办公。他们就是这样相识的，按现在的说法，叫做"办公室恋情"。

1939年，大约是8月的某一天，他们在延安结婚。当时是与邓小平、卓琳两口子的婚事一块儿办的。这个结婚的时间，是应邓榕之请考证的。她还感慨道，连具体日子都搞不清，真是愧为子女呀。当时有张照片保留了下来，据说是在毛主席的窑洞前面，四个人一起拍的。邓榕写的《我的父亲邓小平》里也有记述。那天，毛主席和中央很多领导都来了，然后大家就喝酒。邓小平是来者不拒，有敬必喝。我父亲一看，嚯，小平同志都这样，我也得有敬必喝，结果就喝得醉到桌子底下去了。我母亲第二天把他臭骂一顿："你看你，洞房花烛夜干的什么事！"我父亲说："我是看小平同志在喝呀，他怎么一点事儿也没有呢？"其实，当时有人暗地里保护小平同志，给他喝的都是水。后来聊天聊到这段趣事，我跟他说："爸，你这个人也太老实了，还是人家小平同志'官'大呀。"他说："我也是个副部长啊，我没想到他们会搞这一套啊！"

他们结婚后，我母亲留在延安，我父亲去了重庆。抗战胜利后，他们一块儿到了东北。我父亲当时是第一任中共延吉市市委书记。1947年，我就生在东北延吉。第二年，我弟弟孔栋也是在那儿出生的。我们住的那个地方叫"龙井"，跟龙井茶的那两个字一样。以后，我还去过那儿，想看看我是在哪个屋子里生的。当时政府的大院，曾经是关东军驻屯军的司令部，现在这个房子还在。按照风水先生的说法，在官衙出生的人命硬。不管这种说法有没有道理，不过我的命是挺硬的。

我的名字是个"丹"字，这和"一片丹心向着党"的红色毫无关系。当时因为我出生后在地下室里住，长痱子挠破了皮肤，二十多天大的时候就感染了丹毒，据说脑袋肿得像个篮球似的。我父亲当时和警卫员一起骑马跑了四十多里地，在一支过路部队的医院拿到几针盘尼西林（青霉素），然后用脸盆把药放在凉水里冰着端了回来。当时也没有像样的大夫，只好找了一个日本的实习医生来处理。这个医生也不会用盘尼西林，分几次注射，未能及时控制住感染。感染面大了，他不得不在我头上开了五刀，包括两只耳朵后面各一刀。到现在，我头上还有一个很大的疤。不管怎么说，还是救了我一条命。我这个"丹"字就是这么来的。

新中国成立以后，我母亲也到了海关总署工作。我父亲是署长，母亲是人事处长。那时，很多干部两口子在一个地方甚至一个单位工作，这种现象很普遍，是战争环境决定的。丈夫在延安，妻子也就在延安；丈夫在东北，妻子也就去了东北。当然，有时也不得不分开。新中国成立后稳定了，就有一个夫妻工作上的回避问题。因此，1953年，我母亲就被调到了周恩来总理办公室工作。在那里，我母亲一直很勤奋，平日里废寝忘食、夜以继日地工作。她在同事中口碑很好，大家都说她待人真诚厚道，普遍认为她是个非常优秀的女干部。她的工作方法有条不紊，报批文件中重要的地方她都先过目，给总理看的文件都加上批条加以注解，很受总理赏识。总理那里的这种公文性、服务性的工作，她一直负责到她自杀的时候。

我父母两个人的性格很不一样。我父亲在党内上来下去、下去上来的，地位变化很大，像他这样的人确实比较少。经历了这些，我觉得他就比较圆通了。我用"圆通"这个词儿，一是他没那么多外在的棱角；二是他有韧性。我母亲则更多受到过旧知识分子或者说士大夫气节的熏陶，绝对不为自己的个人利益去低头附会什么势力。她为人比较清高，待人比较耿直，性格特点明显得很。在总理那里，她后来是负责文教领域的联系工作。如大型音乐舞蹈史诗《东方红》是总理亲自指挥排练的，我母亲几乎是从头跟到尾，在现场安排和帮助演出。接着，江青搞"京剧改革"的样板戏。江青搞文艺并不是外行，她是懂行的人，也懂京戏。当时，有些样板戏改编得不错，把经典唱腔都安排进去了。但是她这个人事儿多，因为她是主席夫人，别人都哈着她。可我母亲不大买账，在有关工作中我行我素，并不逢迎她，有时惹得江青很不高兴。可以说，我母亲在"文革"前就已经得罪了江青，这对她来说，是个很大的隐患。

我母亲的耿直，也得罪过陈伯达。有次陈伯达一行去天津调研，由我母亲陪着一起去。到了吃饭的时候，陈伯达说，现在人民生活困苦，我就不吃饭了。这种虚伪做作弄得其他干部和工作人员都不好办了。我母亲就出面说，该吃饭还得吃，工作还得工作嘛。结果，据说陈老夫子挺不满意。

母亲跟着周总理工作了13年，一直到她自杀。在"文革"当中她为什么走上这么一条路，是和她那种清高倔强的性格有相当大的关系。但是"文革"初期，她却一个劲儿劝别人不要和造反派对抗，除了对我命令式的要求外，还有不为人知的另一面。1980年代，王震有次到香港，那时我已经在香港工作。我就去看他，坐在床边陪他聊天，东拉西扯就讲到了我母亲。王震操着湖南口音说："你妈妈，那是个好人嘞。"我就逗他，也用湖南话说："我妈妈怎么个好嘞？"他说："哎呀，你妈妈就是个好人。"王震于是说起了"文革"初期的时候，周总理派我母亲给他做思想工作，让他不要和造反派对抗，否则会吃亏。他说："我就不服啊，妈了个×！有什么了不起！然后你妈妈就一直劝，劝到你妈妈自己掉了眼泪。我一看你妈妈掉眼泪，我就说，好好好，我不同他们计较了。"他还说："我认为你妈妈不是自杀，一定是被暗害的。"我说："据我所知是自杀的，来龙去脉都很清楚啊。"他说："你妈妈那是个好同志，最优秀。那不可能！"

浪子回头

　　我最早上的是育才小学。育才小学是个以干部子弟为主的寄宿制学校，那时很多党政干部的孩子都在育才上学。可我小时候很恋家，不断地哭闹，用被子蒙住头呜呜地哭，也不知道怎么那么伤心。我的同学、姬鹏飞的儿子姬军，后来还提起这事。他说："哎哟，你说你当年那没出息劲儿吧！"后来，我父母拿我没办法，在育才只住了半年，就把我接回来走读，不住校了。我也难以想象，小时候我怎么是那么一种性格？之后因为我们那时住在原海关总署的旁边，就是现在北京医院一带，就把我转到了距家近的东交民巷小学。

　　我父亲调任中央调查部副部长后，我们就搬到了地安门大街米粮库胡同4号。当时，李克农还活着，我们两家一起住在这个大院子里。这次搬家后，我就由东交民巷小学转到西板桥小学。后来，我们又搬家到康生原来住的景山东街1号，不久又搬回到米粮库胡同4号的四合院内，直至文化大革命爆发。米粮库胡同

4号（后改为5号）这个院子很有名，因为"文革"后期它成为邓小平的住宅。卓琳阿姨去世时，我和孔栋前往吊唁。因为我们在那儿住过，邓朴方还邀我们去看院子里种的牡丹花。那是百年的牡丹花株，已经经历过多少代人了。

1958年"大跃进"时大炼钢铁，当时号召大家包括小学生都捐献废铜烂铁。我在小学读书，也找不到什么东西，就要把家里的铁锅拿去上交。我母亲说："儿子，你把锅拿走了，咱家怎么吃饭啊？你怎么能砸锅卖铁呢？"我没辙了，还要表现积极，就把人家交来的、已经在仓库后边堆放着的破铁锅偷出来，然后再去交一次。除"四害"时，我和大家都站在房上轰麻雀，感到很好玩。这也是我们亲身参加的"大跃进"，那就是当时的社会氛围。

在小学里，我没有干部子弟学校里的那种优越感，和胡同里的孩子们玩成一片。甚至有段时间，我还和一些不良少年混在了一起。我们一起跑到街道商铺的冰窖里偷沙果，在外边打架什么的。我记得，我们那个孩子头姓李，一肚子坏水儿。我比较傻，跟着这些不良少年玩，学习也是一塌糊涂。那时期，我可以说是品行恶劣，当时说话都是讲粗口。我和弟弟在一起上学，见到谁欺负弟弟就上去管，还有些小霸气。有一次，在学校和人家用竹竿打着玩。有一根竹竿前面有个铁片。那个孩子抓住了铁片，我去抢，一下子把人家手掌从中间划开了一个大口子，血流不止，险些残了。那孩子的家长急了，告到我家里来了。我母亲知道情况后，大动肝火，她虽然没动手打我，但叫我罚站，严词责骂我。

那次被训大概是小学五年级的时候，之后，我就突然改邪归正了。我开始认真学习，算是浪子回头吧。也就是第二年，那个小学校十几年中没有人能考上四中，让我给考上了。我小学的班主任老师姓张，是个很严厉的数学老师。我考上四中之后，他高兴死了，觉得这是他人生的一大成果。我那时候的成长氛围很正统，哪有什么走后门呀，都凭自己考。后来，我弟弟就没能考上四中。哎哟，他那伤心呀。不过，他在考高中时终于靠本事又考进了四中，圆了这个梦。

我考初中时两门课得了 199.5 分，作文有个错别字，被扣了 0.5 分。我起初还以为自己挺棒，沾沾自喜。开学时到四中一看登记的成绩，班上双百分的有六七个。我很受刺激，怎么回事儿啊？他们怎么那么能啊？！所以，我从一进入四中就一路争强好胜下去，非要在学校里成为尖子不可。先是班上的尖子，然后就是年级的尖子，再是全校的尖子。从此，就踏上努力学习的不归路了。

我初中三年是个优秀的"三好学生"，直接保送到四中高中，所以我没有经历过中考。当年，这种中考也很残酷。因为我们保送生不用考试了，就给考生们服务。我送水、送绿豆汤时，亲眼看到有人当场就晕过去了，可能是夏天中暑吧。我初中三年得的是"银质优良奖章"，没拿到金质奖章的原因是一次期末化学考试看错题了，考了一个三分。因为奖章不是由学校决定的，而是北京市教育局统一按有关标准发的。那时的要求很严格，我犯的这种错误也是不可原谅的。但是由于四中的地位，人家说四中宁要本校的银质奖章保送生，也不要外校的金质奖章保送生。但实际上，当时也有一些其他学校的金质奖章学生，如育才学校毕业的秦晓、徐晓东、路书奇等，四中还是接受了对他们的保送。我们一块儿保送的几个四中同学，假期过得很惬意。别人还在忐忑不安地等着发榜，我们就痛痛快快地玩儿，因为已经没有心理压力了。

四中除了历史悠久，师资力量也很强。所以四中学生学习好是有这个基础条件的。还有四中的校风，就是崇尚勤奋，以懒惰为耻，以勤奋为荣。学习就跟比赛一样，都争强好胜。谁玩儿命学习，大家就跟他较劲儿。我们那时的心态就是，你好，我要更好；你强，我要更强；你勤奋，我要更勤奋。

说到学习，老师们在四中还专门介绍和推广过我的学习方法，开始在班上，后来到年级，再后来推广到全校。我的自学能力，可以说很强，总的方法是非常强调预习。预习是什么，就是知道自己在上课时该重点听什么，然后再复习。另外，每一学科的方法，每一个环节的作用，也有不同。那时，还有什么循环单词记忆法等等。当时，预习这一环节，不是所有中学都提倡的。但四中就非常重视预习，其实就是自学。四中为什么学习质量比较高，就是在学习方法上有预习、有授课、有复习，成为一个循环。

另外，老师善于启发诱导而不是简单灌输的教育方式也是重要的方面。当年，毛主席提倡启发诱导式的教育改革，一些优秀的老师其实已经在实践这样的教学方法，不是从头到尾地满堂灌，而允许大家在课堂上提问题。比如语文课，老师讲解一个词。学生可能会说，老师，这个词我们查了字典，还有什么什么的意思。老师说，噢，是吗？这在当时我们的课堂里是常有的事情。比如讲数学课，老师就让学生先推演，然后再讲解结论。老师讲一种方法，学生有时说，老师，我们还有另一种方法。老师看了甚至会很高兴地说，你这个好，比我的方法好。如此等等。还比如，我们那时都开始自学高等数学了，解析几何的题如果用微积分就很好解。我还问过老师："高考时是不是可以用微积分方法做解析几何的题目？"老师说："那可不行，人家是有要求和标准答案的。"

当时四中的一些老师水平确实很高，他们从一开始就告诉我们：老师给你们的，并不是"鱼"，而是"渔"，是钓鱼竿，是钓鱼的方法；老师给你们的，也不只是知识，更是培养你们获取知识的能力。我最喜欢的老师是顾德希，北京市特级教师，教语文的。他篮球也打得好，跟我们这些同学就是亦师亦友的关系。我不知道别人是否怀念中学生活，我是特别怀念这段日子，而且受益终身。

在这种教育熏陶下，四中的学生都把学业看得非常重，特别推崇自主自学，自学的能力特别强。我没有上过大学，后来在农村，高等数学、普通化学、普通物理都是自学的。我觉得，除了实验课，没有什么是离开课堂不能学的。如果有一个能答疑的老师，基本上什么课程都可以通过自学完成。所以，我的大学基础课程都是自学的，没上过大学就在1978年直接考上了吴敬琏先生的硕士研究生。这和我在四中期间培养起来的自学能力有很大关系。后来，我们四中这一批同学都陆陆续续考上了研究生。

讲到对我们的政治要求，当时非常明确，号称要15岁入团，18 岁入党。我入团后，很快就当了团支部书记。当了班干部，就得做同学的思想工作，因为当时和同学们建立的关系就是这样。我要跟同学谈话，发展同学入团，就得知道同学的家庭情况。遇到"剥削阶级"家庭出身的同学，就得不厌其烦地做人家的思想工作，什么跟剥削阶级家庭的影响划清界限等。所以，同学们说，孔丹难得的地方在哪儿呢？就是每天下午课后，和其他学生在操场上转圈谈心，谈完了往往操场上都没人了，才赶着回家。

因为我把自己正常预习和复习功课的时间，大量用在了做社会工作、做同学思想工作上。所以，我那时的学习时间安排得很紧张。我养成了习惯，每天读书读到晚上 11 点，跟现在的中学生基本一样。因为你不勤奋就不可能取得好成绩。反过来说，如果你学习成绩不好，在班上你就没地位，还怎么做其他同学的思想工作？只有学习拔尖儿，你才有威信，才有影响力，才不怕别人不信服。我当时的功课几乎门门都好，没有一门不好，但最突出的有两科。一科是语文。从初中开始，几乎我的每一篇作文都是范文，在全校范围当范文贴了。再后来，我的作文就发展到刊登在《中学生》杂志上了。我那时的作文先是从短写到长。我记得初中时曾跟父亲去了一次桂林，回来后写了整整一作文本的《桂林游记》，被老师拿来做了范文。后来，我又练习把文章从长写到短，力求文字简练、寓意深刻。我也是广泛涉猎，受各种文风影响，比如鲁迅的文笔。另一科是外语。我曾经学了几年俄文，到了高二，我就已经通过了俄文的过关考试。之后，班里上俄文课的时候，我就夹着书包到图书馆去自学英语了。

　　我周围也有许多学习特别好的同学。如我们班有个同学叫王天博，他得过金质奖章，是知识分子子弟，现在在法国当教授。我说的"好"是指拔尖儿的意思，不是一般意义上的什么前五名啊，前三名啊。拔尖儿就是尖子，占据顶峰，别人没得比。王天博就是数学上拔尖儿的。还有一个同学许以敬，在物理上拔尖儿。我是在语文和外语上拔尖儿的。不过和他们比，语文上拔尖儿占点"便宜"，因为语文有个范文的传播效应。所以我开始是在班上，后来就到了全年级，因为我是高年级学生，就又成了全校有名的好学生了。

　　那时，学校教育强调的是德智体全面发展，对"三好学生"的要求就是样样都要好。比如说学习，不是一门功课，而是要求门门功课都要好。"三好学生"还有德育的要求和体育的要求。因为那时青年人加入共青团是个德育的标志，而我是刚到入团年龄就加入了。在高二的时候，我就当了四中校团委的学生副书记。一般说，这几乎是不可能的。因为这个学生中的"最高职位"，通常是由高三的学生担任的。这是和我初中三年打下的基础密切相关的。长期的学生干部经历，是我当时除了一般好学生之外的又一个特点。那时就有人说我，孔丹是个官儿迷，想当官。其实不是，是形势把我推到那一步了。你有威信，你能领导，你能号召，学校考虑的是这些因素。我做了校团委副书记之后，在学生中的影响就很大了。之后，我又做了四中的学生会主席。

　　另外，为锻炼身体，我每天早上不骑自行车，而是把单词卡片插在车把上，从地安门米粮库胡同的家里推着车一直跑到位于厂桥的四中，一边锻炼身体，一边背单词，锻炼身体和学习两不误。晚上再骑车回家，因为我要浓缩使用这个时间。

在我的印象里，当时四中像我这样全面发展的学生还真不是很多。这些事儿，我现在想起来都觉得能做到很难，忒难了。后来，有个老同学开会时一见到我，总是开一个玩笑，说：哎哟，孔丹在我们学校，那篇篇是范文啊！我还记得有篇范文的最后一句话……这些话有点过誉了，其实我们那一批人都是这样。

成长的环境

从我个人的角度看，我认为我的家庭教育，在当时党内高级干部中是非常良好的。父母首先为我们树立了一个以身作则的榜样，把很多好的作风带进了家庭。家里对我们的政治思想要求也很清楚，就是孩子一定要加入组织，沿着加入共青团、加入共产党这个路子走下去，没有其他考虑的余地。以至后来这几乎成为我对自己要求的一种本能了。父母对子女的要求，就是努力学习，就是思想、学习、身体都要好，做"三好学生"，有这么个推动。

我们的家教很严，比如说不要特殊化、生活要简朴等等。这方面的家教，现在回头看，我觉得近乎到了苛刻的地步。比如说，我母亲1953年已经调到周总理办公室了，任秘书、办公室副主任。可通常我们不能同桌吃饭，这都有具体要求。不过，我们当时就喜欢在这种严苛的轨道上行走，也没有觉得处处受到拘束和限制。在生活上，我们也没有任何特殊的地方，更不要说特权。

三年困难时期，我不具体知道别的高级干部家里过的是什么日子，反正我们兄弟俩当时经常饿得前胸贴后背，平常吃市场供应的、发黑的红薯面。我们榆钱儿也吃，野菜也吃，连院子里的槐花也吃。记得有一天，我们无意中走进厨房，看见家里的阿姨偷偷熬了棒子面粥，自己在那儿大喝特喝。当时我们那个感觉，一是馋啊，二是愤怒啊。事后我们也狠狠告了一状，按现在的话，就是差点儿把阿姨炒鱿鱼了。

如果说我那时有什么特殊的话，就是我父亲有个习惯，到一定时候会带着我和弟弟出门。比如那次带着我们去桂林，还有一次，曾跟着邓小平去南方考察的专列去过广东和海南岛。现在回头看，这对一个青少年确实是长见识，会看到学生在学校里看不到和不了解的东西，受益匪浅。所以，我能写出那一本《桂林游记》。我的作文中涉及一些非学生生活的内容，则多数是和这些活动相关的。比如跟着我母亲看了几遍《东方红》，就写了一些与此有关的作文。

从我"浪子回头"之后，我的父母在学习上从来没有为我操过心。我也认识一些高干子弟，他们的爹妈着急呀，发愁啊。孩子就爱玩，不好好学习，不要求进步，没有上进心啊。这都是家长最发愁的事儿，在我们家里不存在这种情况。所以，我父母在这方面非常放手，一切都由我们自己来。他们不时地提醒一下，无非是要我们在学校里和同学们打成一片，千万不能有优越感。我那时候在高干子弟中也有点名气了，我父母在外面引以为豪的就是人家一开口就是：你那个儿子好啊！好学生啊，我们都知道。

四中的另一个校风是崇尚俭朴，以奢侈为耻，四中不是一个干部子弟飞扬跋扈的地方。在四中，高干子弟们都很低调。穿衣服打补丁，对我们来说都是平平常常的事。在我的脑子里，从来觉得我们的同学都很好，不管他出身于什么家庭。大家的行为处事，根本看不出干部子弟和非干部子弟的差别。对于这点，由于父母的教诲，我非常注意，经常提醒自己不能有任何优越感。我进入四中已经好几年了，有个同学问我：我最近听说你父亲是高干？我说，也算吧。我当时就怕人家知道我是高干子弟，认为你没本事，靠着门第跋扈。我的想法就是，只能靠自己的本事在四中拔尖儿。

不过高干子弟中并不完全一样。我高中时，有个八一学校来的学生，他父亲是个少将。我们同学两年都快到高三了，有天他突然跟我说："我听说，你爸爸的官儿比我爸爸还大！"我当时的感觉就是，这是从何说起啊。那时也有些干部子弟的等级观念比较强，可能比较注重这些方面的事情。不管怎么说，我们那时对自己的家庭和父母都不会对外宣扬。

从本质上讲，四中的传统中是不讲究门第世家的，这种风气没有市场。那时，刘少奇的孩子、林彪的孩子、陈云的孩子、陈毅的孩子、贺龙的孩子、徐向前的孩子、彭真家两兄弟、薄一波家三兄弟，这一时期都先后在这个学校里面上学。我初中和陈小鲁一个班，高中和薄熙永一个班。但没有感到谁因为他父亲的地位高，就居高临下，盛气凌人。我现在回想，四中一直是这样的，四中没有那种比谁爸爸官大的氛围，这些中央领导的子女都很自觉。即使有谁想靠这个仗势欺人，也不会有人买他的账。

从初中到高中我一直是学生干部，从班级做到校级。我做学生干部后，养成了一种乐于帮助同学的习惯。不仅自己努力学习，还要抽出时间帮助同学。包括政治思想上、学习上，甚至包括情绪上。班上还有一些从农村招来的学生，我还经常帮他们补课。我们在学生中提倡互相帮助，互相分享学习经验和体会。我本人就是这么做的。我们有学习竞赛，一比高低，非常强烈，但不是建立在互相封锁、提防的基础上。刘辉宣口述史中谈到的一些体会，说四中同学个人奋斗竞争，不互相帮助，可能是他们班的一种特殊情况。像我们班这个团支部很团结，我这个支部书记的地位到现在都还保持着影响力。同学们如今都是六十多岁的人了，大家对我还是有那么一点把我当成支部书记的心态。在班上，我和非干部子弟同学的交往，比干部子弟还密切，直到现在也是这样。这说明当时的一种理念。大家之间建立起来的是这样的一种平等关系，所以经年历久能一直维持到现在。

进入 60 年代后，社会上的阶级斗争教育和接班人教育越来越浓烈，这些内容也对我们这代青年人产生了重大影响。我前面讲了我父母的经历，我们这代人和他们是不一样的。首先，我们进入共产党这个队伍，方式就不一样。我们不是简单地被卷进来的，分析我们的行为特征，就不能说是一两天内形成的，而和长期接受的政治思想教育相关。我们和他们可能大体上是一个方向，但也有差别，我们有自己的行为特征、思想特征。

我现在还是这样看，在我父母那一代人的脑子里，真的没有什么特权阶层的观念和追求，他们真心希望管理好这个国家，给人民带来利益。但是在思想认识上，他们不能不具有那个时代的局限和缺陷。新中国成立以后，很快就进入了一个党内思想和斗争的动荡期。各种运动，除了少数的如"三反五反"，一路下来都是反右倾的党内斗争，主导着中国的发展。比如反右运动，也影响到党内。我的舅舅15岁入党，是一个年轻的老革命。他很小的时候曾被鬼子抓住，面对鬼子的刺刀眼睛都不眨。但他喜欢东说西说，提意见。结果叫人家给按住了，1957年被打成了右派分子。这真是很残酷的事，我母亲也没有办法。他后来被下放劳动，我母亲很关心他，也很同情他，但还不能表达出来，只能默默接受组织的处理。这也反映了他们那代人对组织的一种态度。

1959年，我父亲在批判彭德怀的时候上了庐山。李锐的书里引了一批人的发言材料，我父亲也是发言者之一，当然是跟着毛主席的要求和调子去批判彭德怀的。在"文革"前，我们之间不会直接交流这些事情，到"文革"结束以后，父子之间才开始严肃深入地谈论政治问题了。现在回想起来，随着党内斗争一次次地愈演愈烈，很多人都不敢再说真话。像彭德怀，大家其实都明白是和毛主席意见不合，不是什么反党集团和路线斗争的问题。

1965年，我当时已经是党员了。罗瑞卿被揪出来批判时，我记得我的父母在家里议论了几句：一个说，罗瑞卿怎么这样对待主席呀？！另一个说，是啊！怎么能这样呢！他们当时确实被灌输被传达的就是罗瑞卿反党，毛主席对他这样信任，他怎么反对毛主席呢？我那时政治上还是模模糊糊的，他们说的是什么意思啊？

　　我那时对党内高层的斗争和矛盾，可以说一无所知。一个是父母的组织纪律观念比较强，他们俩一个搞情报工作，一个在总理身边，因此非常非常的注意。和我们根本不谈这些，没有任何交流。所以我不像一些高干子弟那样，知道很多小道消息。另外，今天看，我觉得毛主席的思想，早期是经济浪漫主义，后期又加上政治浪漫主义，新中国成立以后长期偏离了他所倡导并践行过的实事求是的思想路线，脱离了中国的实际，所以中国走了很多弯路。而我父母一代的思想也是在变化发展的，他们曾经在不同程度上是执行者，到后来是其受害者。

"四六八学潮"

　　1965年的"四清"运动中，发生了所谓"四六八学潮"[1]。那一次的事件，我不是发起人，也不是主力，而是参与者，是在特定情况下比较被动地卷进去了。那次学潮是我在高一的时候开始的，在高二的时候结束的。为首的主导者是当时高二年级、后来成为高三年级的几个学生。他们没有把我们纳入学潮的主体，但我们跟上去了。

　　相对而言，从学生的类型上来说，我们和他们也不太一样。我在学校里，属于比较规范的优秀学生。学生运动，从来不是从我这种类型的学生开始的，而是由一些思想上更前卫、行为上更

---

[1] "四六八学潮"指1965年"四清"运动中，以北京西城区的四中、六中、八中部分高级干部子女为主的学生所发起的一次学潮。这些学生进行了串联，组织了罢课，给中共中央写了"进言书"。主要要求为：一是向中学派"四清"工作组，要求亲身参加"四清"运动，到阶级斗争的大风大浪中锻炼。二是尖锐批评现行教育制度。三是强烈要求在学生中推行阶级路线，并在学校建立类似于贫协的阶级组织。某种意义上，"四六八学潮"可以被视为红卫兵运动的一次预演。可参阅拙著：《心路——透视共和国同龄人》的有关章节，中央文献出版社，2011年。——编撰者注

自由的学生发动的。当时四中领头的同学，大多比我高一年级，思想更加独立，比如邱会作的儿子邱晨光、刘澜波的儿子刘安东、宋任穷的儿子宋克荒、李井泉的儿子李新桅、宋之光的儿子宋扬之等人。这些人多数现在都成为我的好友。和他们比较，我那时对政治问题的思考能力不像他们那么强，不像他们那样有自己的独立见解。我是一个完全被家庭和学校共同塑造的、很习惯于接受规范制式教育的学生，我对学校对老师对校长有那么一种尊崇的感觉。但在那些同学看来，学校在他们眼里并不那么神圣。当时他们听到毛主席的一些说法，听到一些议论，所以就希望能够做些什么。我相信他们了解到了毛主席对教育改革的一些想法，这恐怕是一个很重要的原因。

1964 年，他们中一些人就给党中央写了信，学潮就闹起来了。他们认为学校领导班子坏了、烂了，推行的是修正主义教育路线。而我认为，校领导最多是阶级斗争的弦儿绷得不够紧，在政治思想领域"政治第一"贯彻得不够，还有就是毛主席批评的没有采取更生动的教学方法。我总体认为学校领导是有缺点甚至有错误的，但并不认为整个班子坏掉了，需要换掉他们。"四六八学潮"中，四中写信的几位同学觉得自己受到了压制。我则相反，不仅没觉得受压制，反而觉得很受重视或者说被推崇，是作为学校里好的典型来宣扬的。应该说这差别还是挺大的。

但是有一点，我在学校里是有影响力的，而且不仅是在干部子弟里有影响，在四中，高一、高二的学生都知道孔丹是"三好学生"。当然，我这种"三好"在那些高年级同学那里，他们可能也不认可。学生们闹起来后，我跟他们也有过沟通。那些高年级同学对我的表现不大满意，我记得他们当时对我说："你们对教育制度也应该有自己的独立见解吧，不能就这样墨守成规啊！"

这期间，学校里还出过一件事。高中有一个叫曹小平的同学，当时很有名。他打乒乓球特棒，是国家一级运动员，我特佩服他的球技。他当时写了一首诗，诗中有两句话我还记得："忠肝扶危主，侠胆济颠舟。"这诗被人逮住了，说"危主"是指蒋介石，"颠舟"是指台湾，这诗是要配合蒋介石反攻大陆，因此要把他定成反动学生。不知怎么一下子闹出这么大的事儿，被认为是阶级斗争在中学生中的表现。

我们班里，也出了件事。我们班有个同学叫周孝正，现在是人民大学的教授。大概是高一的下半学期，周孝正以思辨的方式提出了一些问题，共有21条，遭到了批判。由于时间久远，情况已记不太清楚了。前不久我们高三（5）班二十多个同学聚会，我特意提出这件事请大家共同回忆。大家七嘴八舌，大致经过是当时我们去南口劳动，有一位驻军坦克团的康股长给我们作报告，对此周孝正提出了一些问题。于是被康股长通报给我们四中的解校长，遂找了作为团支书的我关注此事。

我请周孝正自己回忆一下当时情况，聚会后他发给我的短信如下："所谓二十一条，就是我上高中以后在政治课上所想的一些问题。比如：毛泽东说：'毫不利己，专门利人！'马克思说：'无产阶级只有解放全人类，才能最终解放自己。'当时世界人口30亿，是不是意味着共产党人有三十亿分之一的个人主义？'人人为我，我为人人'的口号对不对？无名英雄是否比有名英雄更伟大？学习董家耕，'脚踩污泥，心怀祖国'和古人的'达则兼济天下，穷则独善其身'是否有矛盾？当时，班上有人让我把问题写下来，我就把所想的问题写在一张家父记账纸的背面，可能有 21 个问题。我记不清了。"另一个同学鲁啸威，记得还有一条是："共产主义者是目光远大的个人主义者。"现在谈起来，也就是些比较独立的思考，也比较肤浅的想法。但是，他把很多疑问提出来了。而在当时强调阶级斗争的那种环境下，他敢提出疑问也是有一点挑战的味道。

在这个背景下，我组织同学对他的"二十一"条进行了讨论和批判。我们是一条一条地逐条地批。他当时一下子顺嘴跑舌头的劲儿就上来了。我对他说："你太过分了，怎么敢这么说话呢！"他这个人就这样，思想很活跃、很有个性，什么都敢说。同学们批得也很厉害，言辞激烈，但整体上，方式还是文明的，是辩论式的。不过，我们人多势众，引用党报言论，口气却是压制式的，直接给人家戴帽子，说这就是修正主义思潮的影响。大家还挖了他的出身根源——小业主，其实小业主实在算不上什么剥削阶级范畴。本来大家都是班上的同学，我是团支部书记，没有必要那么较真儿。不过那次我们就较起真儿来了。那个时代，在政治上较真儿反而是自然的、正常的。大家回忆说：有一次我们班正在开会批周孝正的"二十一"条，几位高年级同学冲进来，对周孝正施压，上纲上线。我作为主持者很快结束了班会，现在看这方式还是妥善的。

"四六八学潮"中，我们没有在班里把同学分成左、中、右，也没有以家庭出身来划分敌我友。我当时的一个重要工作，就是做剥削阶级家庭出身同学的思想工作，要他们找到自己错误思想的根源，与家庭划清界限。但其实，也谈不出个所以然来。我们班的班长叫黄汉文，地主家庭出身，跟我关系特别好。你说他身上有多少地主阶级的影响？但是还是得挖呀，这是阶级斗争观念啊！我们和高年级学生的另一个区别就是，我们处理这类问题还是注意维护同学间的关系，比较温和，没有把谁推到敌对的一边去。我们虽然批判周孝正的"二十一"条，同时还批判了一些老师的言论。这些批判，也只是说他们思想认识上有错误，没有认为他是反动的。我还和"四清"工作组组长李晨专门谈了周孝正的事，一致认定是思想认识问题，不要再批判了。

四中、六中、八中的学生闹事后，引发了在中学里如何搞"四清"的问题。北京市委给四中派来了"四清"工作组。我印象中，工作组领导是市委文教部部长张文松和市教育局局长李晨，组员有杨滨、孙岩等。后来，杨滨留下来当了校长。工作组进驻后，张文松、李晨、杨滨、孙岩等都跟我谈过多次，跟我谈得比较多的是李晨和杨滨。他们四个人的谈话风格各有特点。李晨花白头发，给我印象非常好，觉得他很诚恳，作风做派也很朴实。他很痛切地告诉我："你们有意见可以提，但现在这种做法不行，一定要在有组织的前提下进行。"对此，我印象极深。张文松给我的感觉不大一样，他讲得都很原则，口气比较大，也比较重，可能是身份不一样吧。杨滨和孙岩则是以长辈阿姨的身份和我们谈话。孙岩和我谈了几次，说话慢悠悠的，很和蔼。

市委"四清"工作组的工作方式，与"文革"当中被批判的所谓刘邓他们那种搞运动的做法是一样的。其实"四清"本身已经比较"左"了，但是它还比较遵循着党的工作传统。因为党在历史上，延安整风也好，之前的很多运动也好，都有"左"的错误，已经有些经验了。工作组认为高三的几位同学比较偏激，批评了他们。工作组认为我各方面的背景、在学校里的一贯表现、与校长老师的关系以及在学潮中的基本认识，都能够和他们配合。关键是认为我在学生中有影响力，他们需要学生骨干来贯彻执行工作组的方针。

所以，高年级那些同学后来就说我是什么策略派，被招安了。后来还有人调侃，说我是投降派。总之，我在那些高年级同学心目中的形象应该是很负面的。他们那时认为中国教育制度已经面临生死存亡了，而我任何时候都还在讲努力学习。他们认为四中是一个根子上执行修正主义的班子，是资产阶级统治学校的班子；而我的看法是四中有些做法不符合毛主席的教育方针，但是整体是革命的。他们对工作组的基本态度是抵触的，认为我们没有顽强的斗争精神；而我认为工作组是党组织派来的，在行动上是必须配合的。不过，我思想上也有点矛盾，心里也有种被"招安"的感觉。

当工作组觉得思想工作做得火候差不多的时候，市委召集我们这几个学校的学生干部和领头闹事的学生开了一次会。张文松在讲话中，首先肯定了我们的革命热情和阶级斗争观念，也批评了我们，说我们应该按组织形式，有组织、有领导地进行这种运动。我印象最深，而且令我很震撼的是那次万里的讲话。我当时心想万里只是个副市长嘛，没有想到万里讲得姿态很高而且十分严厉。我记得很清楚，他用山东口音说，今天开会，彭真同志委托我，代表中央书记处跟你们谈话。你们闹什么事？他接着把彭真抬了出来，说，彭真同志在中央书记处开过会了，中央没人支持你们！你们都是乱来，胡来！我告诉你们，谁闹事都不行。你们别胡来，胡来我照样管你们！中央跟你们所有人的父母都打招呼了。回去和你们的爸爸妈妈讲，要好好学习，不准再闹事了。你们再闹的话，就把你们抓起来。我一听，当时就蒙了，本以为万里会说中央怎么支持我们呢，结果劈头盖脸把我们臭骂一通。真是厉害，把我们吓得够呛。

我家里虽说对我们很放手，但有些事情我回家还是要向父母汇报的。特别那次大会后，我不敢怠慢，回家就跟父母汇报了。他们说，你们要听话呀，一定要按组织要求办。中央书记处开会专门研究了四中、六中、八中的问题，万里讲的话确实是代表书记处的意思，不是他个人的意见啊！他们还告诉我，彭真同志在书记处会上讲了话。他很强势，要求高级干部管好自己的子女，不要乱来。所以，我父母的态度非常明确，那就是：教育制度是有问题、有错误的，但不能用这种无政府的学潮方式搞。他们从理念上认为，不能自发地、脱离组织地去搞运动，党组织的领导是第一位的。这可以说是当时党内绝大多数干部的传统观念。

现在回过头来看，许多事情都是历史发展的必然，一步一步走下来的。从庐山会议，到和苏联搞翻，毛主席就在思考这些问题，他就推动着一种形式接着一种形式的运动。其中发动学生闹事，我看就是他推动的。毛主席不是说"资产阶级统治我们学校的现象再也不能继续下去了"吗？这话说得多厉害呀！干部子弟无非还是得这个风气之先，我们不过要适应这个大势行事。"四六八学潮"就是高干子弟们尝试着把党的阶级斗争观念推向教育界，首当其冲的是中学。

我自己感觉，我们这些高干子弟在"文革"前和"文革"初做的很多事情，并不是我们自己完全独立的、自觉的、经过深思熟虑后采取的行动，而仅仅是得了风气之先而已。毛主席的一些意向都表露出来了，作为学潮主力的那些同学，负责写信的那些同学，我想他们的一些做法都是对毛主席的言论、指示和其意向的呼应。但是呼应过头了，最起码没有呼应到中央的点上去。现在看，或许毛主席开始不一定知道，就被书记处很果断地压下去了；或许他认为时机还不成熟，但是他对此未必不同意。这其实和他在"文革"初期支持的红卫兵是一脉相承的。

但是，这场学潮给我留下的教训是反向的，就是运动应该按照中央的要求，按组织上的部署来进行。这件事给我的深刻印象，直接影响到"文革"初期我对待红卫兵问题的立场。

年轻的共产党员

也就是在"四六八学潮"中，我被确定为中学生党员的发展对象。四中党支部通知我：你可以作为要求入党的积极分子，如果再进一步发展学生党员，可能会考虑你。我记得，党支部还让我写了一些材料。在中学生中发展党员这个做法，在反右运动以后就停止了。这时重新恢复这个做法，是当时的政治形势决定的。

我觉得通过这次学潮，从上面讲开始重视中学生的政治动向了。在此之前，中学生发起政治性的学潮，几乎是不可思议的事。因此，北京市委着手于两方面的工作。一是这次学潮后，市委要求各个学校都要自上而下的、从正面搞"革命化教育"运动，目的是要争取主动权，以减少学生闹事的机会。二是通过发展在学生中有威信的中学生入党，通过这些学生党员来掌控学生。

在那一代人中，我认为我们还属于比较理性的一批人。为什

么说我们理性，人家就不理性？这是因为我们比较讲传统。这个
传统包括两方面，一是依靠组织系统；二是把握政策。我们当时
在"四六八学潮"中没有特别激进，只能说我们始终认为，运动
要依靠组织，要讲政策。我一直觉得，我是党组织力图培养的这
种学生领袖的不二人选。以至于出现了学潮那样的情况以后，发
现我的思想更正统，更符合中央培养接班人的要求。也正因为这
样，"四清"运动后，北京市1965年在中学里恢复发展党员，我
就第一批入党了。我的入党，实际是作为中学"四清"运动的成
果之一。

1965年7月1日，我和师大女附中的佘靖两个人在西城区
党校开的宣誓大会上发言，成为中共预备党员。我们是北京市第
一批中学生党员，佘靖后来做了卫生部副部长。在我入党后，北
京市委在各校的中学生里陆陆续续发展了一批党员。除了任小
彬、宋克荒外，四中还有马凯、秦晓、李三友、赵黎明、刘东
等，四中"文革"前就发展了这几个学生党员。马凯大我一年，
后来留校做了政治老师。实际上，也就是我们这几个学生党员，
主导了其后四中初期的文化大革命运动。

我还记得，入党时的发言稿里有"做党的驯服工具"一
句。我当时想，都经过"四清"了，还简单地做驯服工具吗？
于是，在定稿时我把这句话改为了"做党的奋发有为的驯服工
具"。我特意加上了"奋发有为的"修饰词，表示个人应当有
一定的主动性。但是关键的还是驯服，这是少奇同志讲的。要
做党的驯服工具，不是说你想干什么就干什么。你再有作为，
头一条你要服从党的决定，服从组织纪律。我觉得基本指导我

们思想和行动的，是党的传统带来的，是出于我们党多年培养的传统和对是非的判别标准。我因此还得了点儿彩儿，领导表示修改得好，很有思想。

这时，中央已经在青年学生中提出了培养接班人的问题，特别是在中苏论战以后有一个系统的推动。我认为从宣传的角度，"九评"讲的培养接班人，是特别针对苏共的教训提出的。中央认为从苏共的演变看，他们背弃了原来斯大林的正确路线，也就是背叛了革命路线，所以要紧的问题就是要培养我们的下一代。"下一代"是一个广义的概念，包括各行各业的所有领域。但接班人的问题，又特别侧重干部的选拔和培养。

我认为，毛主席这时已经觉察到他的一些想法在党内没有被认同，然后开始推动阶级斗争理论，推动培养接班人的部署，因为这涉及他的一些思想能不能得到贯彻和实现。从这样一个战略高度说，毛主席提出的培养接班人是有这么一个视角的，不是一般的广义的共产主义事业接班人，是有针对性的。像中央党校从中学毕业生中招收的青干班就说明党的组织部门、党的教育部门已经开始安排职业的干部，我们叫政工干部。在职业干部中，当时全国也选了几个典型，比如说山西的县委书记周明山，当时就很有名，是把他作为培养接班人的典范来宣传的。要不是文化大革命，他可能很快就会成为党的高级干部。

在培养接班人的问题上，还应当包含着另一个层面的内容。我觉得那时我们党还没有排斥中国文化中优秀的东西，包括我们读的一些名作，传统爱国主义的、民族主义的，还有以天下为己任的情怀。比如脍炙人口的"先天下之忧而忧，后天下之乐而乐"，"大庇天下寒士俱欢颜"，等等。旧中国士大夫的传统理念里，不乏那种强烈的社会责任感。就是说，读书人要对这个社会承担起责任来，要在国家的大事业中去奉献自己。

无论广义、狭义，培养接班人提到议事日程上来，是不是针对干部子弟的？我认为不是。当时培养接班人绝对是有针对性的培养，但不是完全针对高干子弟的。什么出身的人都有好的和差的。但是，我们党希望培养出一代代合格的接班人，这也极大地刺激了我们这代人的社会责任感或阶级责任感，就是要把自己塑造成革命接班人。在培养接班人的氛围中，身为父母的许多高级干部，当然希望子女要传承自己的事业。但那个时候，这并不是做官的概念。有一些高干子弟也希望要接父辈的班，做职业革命家，比如去中央党校青干班。他们要求，应该把我们放在最优先的地位来培养，因此对现状也有不平的声音。但从另一方面讲，要说那时在学校里压制了干部子弟，我认为也没有。

接班人的五条标准中有一条，"团结一切可以团结的人，包括反对过自己，并被实践证明反对错了的人"，这几乎成为了我当时的信条。我要做的就是要顽强地、努力地、耐心地和周围的人沟通交流。比如说，我们班有个将军的孩子，我们就批评他有"自来红"思想。他还真的很顽强，他说："我就看不上咱们班的一些知识分子、地主出身的同学，要培养接班人就应该培养我这样的。"我就说他："你不努力修养，就不符合接班人的条件。"

虽然当了多年的学生干部，但我当时觉得自己真的没有做官的概念，一门心思就是想考大学，没想过什么官啊、级别啊这类事情。我认为，高中毕业考大学是正路，选择不是哈军工就是清华。对哈军工，因为是国防建设，我把它看成是一种需要。那时感到要为国家建设出力，干军工，搞导弹、核武器什么的是最吸引人的。我认识的几个比我大几岁的老大哥、老大姐，大学毕业以后就去酒泉基地了。酒泉那时多艰苦啊，他们一待就好多年。当时如果组织需要，我也会当仁不让。比较常规的情况下，"文革"前四中的学生强调的是要有很好的学习成绩，顺着建设祖国的这个路子，要投考的方向就是清华大学。从个人意向上，我们这些人首选的都是清华的理工科，北大都不会放在第一位的。当时清华号称是红色工程师的摇篮，原来是说工程师的摇篮，"文革"前还加上了一个"红色"。如果没有"文革"，应该说这就会是我大致的人生轨迹。考清华，这里面也有一点点自负吧，那时四中每年就有四十多个考取清华、四十多个考取北大的学生吧。我们引为楷模的一些四中学长，一路考取了清华的，像陈元、乔宗淮等；一路考取了哈军工的，像俞正声等。

值得一提的一件事，是 1965 年暑假期间，我和孔栋与一批干部子弟去北京公安总队下连当兵。其中有刘源、董良翮等国家领导人的子弟。其后我还写了一篇作文《两枝枪》，被选登在 1965 年 10 月的《中学生》杂志上。下面将《两枝枪》、《油垢》、《苦与甜》、《永远是战士》四篇当年的日记片段抄录下来：

两枝枪（七月十八日）

在全连军人大会上，举行了庄严的发枪仪式。

我从连长手里接过毛主席著作，左手握着，紧紧贴在胸前；又从连长手里接过半自动步枪，牢牢抓在手里，郑重地高诵誓词："祖国授给我毛主席著作，我一定要认真地读毛主席的书，听毛主席的话，按毛主席的指示办事，做毛主席的好战士；并授给我半自动步枪一枝，我要像爱护自己的眼睛一样爱护它，苦练杀敌过硬本领，忠实地保卫祖国。"

两枝枪，一枝是思想上的枪，一枝是手中的钢枪。手中的钢枪要打得准，先须思想上的枪握得牢。思想上的枪要统率手中的枪。

油垢（七月三十日）

今天检查武器，我得了4分。原因是：击发扳机后面存点油垢。我很难过，看来，我的誓言执行得还很不好。

从钢枪上的油垢，我看到了自己思想上也有油垢——我没有做到"对工作的极端的负责任"。

脸不洗，要有灰；枪不擦，要生锈。我的思想可要经常用毛泽东思想来洗擦，不然也要生油垢，染灰尘哪。

苦和甜（八月三日）

衣服一天要湿几回：练习队列要流汗，练习刺杀要流汗，练习射击要流汗……

在战士的生活中，要有劳累，要有疼痛，要有损失，甚至要有牺牲；但想到这一切都是为了革命，为了人民，就会力量倍增，就不觉辛苦，只觉甜了。

苦和甜，对于革命者来说，是可以统一的。因为，我们认为：斗争就是幸福。

永远是战士（八月七日）

"在离开连队的时刻，我心里暗暗发下誓言：

脱下了军装，我仍然是革命的战士。两枝枪，特别是思想上的枪——毛主席著作，我要更紧地握在手里。只要我尚存一息，我就要为革命事业奋斗。我要永远是战士！"

这几篇小文章记录了我当年通过下连当兵锻炼自身，反映了当时时代背景下我们一拨人的精神状态。

风起于青萍之末

"文革"前夕，人们的思想状态已经发生了重大的变化。从中苏论战开始，向我们展示了一种危机。这场论战是非常公开的，中共方面采取连发九篇社论的形式，指摘苏联搞修正主义。所有的人都看到，中国和苏联翻脸了。这对我们的触动很大。在我的印象里，从上高中以后，战争的危险似乎就在眼前。我们很敏感地认为，与苏联的矛盾有可能最后导致战争，我们对此有很强的危机意识。这种外部环境和国内的政治环境结合起来，就好比是一个加速运动，像小步快跑，越跑越快。人在这样一种状态下，有些传统的东西慢慢就被甩掉了。一切事情的焦点、重心、敏感点都集中在阶级斗争上了。这种理论笼罩了我们的整个头脑，后来的说法就是"灵魂深处闹革命"。也就是说，人们的思想已经被这种理念统治了。

我觉得无论在国际国内，毛泽东由思想运动到政治运动，由党外到党内，由国内到国际，推动着斗争进入了中国社会生活的各个领域。他认为这个党起码在基层很多地方都烂掉了，在高层又有许多老同志与他志不同道不合。而他采取的对应措施，就是斗争哲学，"与人斗，其乐无穷"。

"文革"前夕，在我身边，已经有一种"山雨欲来风满楼"的感觉。其实我们家里也有类似的议论，但我父母比较规矩，不给我透露这些小道消息。但重要的问题，他们会让我注意。比如中苏论战，我父亲就非常重视，让我一定要认真读"九评"。另外，我父亲和康生有很深的渊源，解放前都从事过情报工作，新中国成立后关系也很好。我和弟弟第一次去北戴河时，父母因为工作忙去不了，就把我们寄放在了康生家里。我们管他的夫人曹轶欧叫曹妈妈，显得很亲切。其实中苏论战和文化大革命一些迹象性的东西就是从康生那里来的。在文艺战线，这种迹象和意向也越来越明显。比如一些文章从阶级斗争的角度批判文学作品、电影啊，很早就开始了，《槐树庄》、《夺印》、《千万不要忘记》等作品也都出来了。这就是"文革"前夕的政治环境。

我记得1965年，曹轶欧的外甥苏涵写文章批判《早春二月》，其实就是被授意的。我的印象中，除苏涵写文章那事以外，康生还煽动说："你们这些学生也要关心文艺，要注意有人反党啊，也可以写些文章啊。"这些可以说都是有风气之先的。我的思想当时肯定也会受这些因素的影响。从我的感觉，就是中央要做些事情了。因此，"文革"的发动，对我而言，并没有感到非常吃惊，好像是顺理成章的事。当然其内涵是什么，那就不得而知了。

关于四中高三（5）班和女一中高三（1）班给中央写信要求

废除高考的事儿，是"文革"初我经历的第一件大事。说起来，这又是高干子弟得风气之先的例子。四中高三（5）班就是我们班，是薄熙永先听到消息，知道了 1966 年的高考可能要停下来了。当时，我们还都在积极准备高考，不管"四清"运动也好，革命化教育也好，不管我已经身为预备党员也好，是先进分子也好，我的精力全部都集中在准备高考上。我们有个数学老师叫周长生，有天在他家里给我们补课。参加补课的人有我、薄熙永等几位，印象中好像是几个干部子弟。周长生老师主要给我们讲一些历届高考题里的难题和刁题。补课当中，薄熙永把这个消息讲了出来。他说："现在中央有这个决心，咱们是不是也要表示一下、呼吁一下呀？咱们争取主动啊。干脆发起废除高考的倡议，中央一定会接纳的。"我也同意了。不过，女一中是怎么回事儿我不清楚。

社会上把这说成是四中高三（5）班的罪过，提出废除高考，使中央不得不接受。不是那么回事儿，实际上是中央已有考虑，我们不过得了风气之先，做了这件事情。高干子弟干事情，总弄出这个风气之先来。我们那封信是有背景的，不是自发的，而且我个人还有心里深处的一种遗憾。我是觉得我们备战了高考许久，摩拳擦掌，准备一显身手一决高低。那种心理上的荣誉感，认为考试是对自己的一次检验，这劲儿一下子使不上了，很失落。那时，班上学习成绩差一点的同学高兴得要死，这下子解放了，以后上大学就不用考试了。但残酷的事实是，以后连大学的教育都停止了，结果是什么也没有了。

接着工作组来了，成立了学校的文化革命委员会，由于我在学生中的地位，顺理成章地成为了四中的文化革命委员会（校文革）主任。在这个问题上，四中出过一个干部子弟争夺领导权的事件。有几位高干子弟和我们有些矛盾。他们认为我代表的这批人是策略派，比较保守，因此不应该由我来领导学校的文化革命运动。我们晚上在大教室里，还开了一个（内部）主要有干部子弟参加的会，展开辩论。我现在记不太清楚具体内容了，可能是关于当时如何开展运动的一些做法。他们一方认为我们做得不对，认为我们保守，也觉得我老是当学生领袖，也该换换别人来领导了。我们提出要讲政策，要按照《十六条》的精神办。而且我当时有点欲罢不能，某种意义上是不由自主地被架在那个位子上了。

工作组组长当时非常紧张，因为这两方面都有来头。以我为首的是多数，四中的学生党员基本都在里面，而且拥护我们的有一大批学生，在学校里很有影响力；另外一方的那几位则颇有背景地位。后来，外边把这叫做四中干部子弟内部的一次"争权夺利"，至少旁边的人是这么看的。这件事大约也就持续了很短的时间，工作组撤出学校后不久，就不了了之地消解了。

工作组从各个学校撤出后，学校就出现了权力真空。文化革命委员会由于是工作组主持成立的，几乎就失去了权威性。这时，我提出来用年级支部的方式掌控局面。每个班都有团支部，在各班团支部基础上产生年级支部，由各个班的团支部书记参加。在学校层面，由高三年级的年级支部负责。高三的团支部书记大多是党员，高三（2）是李三友，高三（4）是秦晓，高三（5）是我，也就是我们这几个学生党员在起主要作用。四中的各年级支部之上，再有一个联合的机构，我是负责人。我那时是校团委的学生副书记，书记由老师担任。实际上，高三的年级支部就控制着全校的"文革"运动。再有，就是利用以前的辅导员制度，由高中的学生负责辅导初中的。为什么要这样做呢？我的指导思想就是：一个大的运动已经来临，根据"四清"中的经验和教训，我们一定要有序、有组织地进行。而我们是有这个条件的，我们年纪相对成熟，又都是党员。这种结构，在当时北京的中学里可能是独一份。

我在"文革"中，不是像北大附中彭小蒙、清华附中卜大华那样通过造反，自己冲杀出来的；也不像我们原来"四清"运动中那几位高年级学生是挑头"闹事"的，而我是自然产生的一个学生领袖。对我来说，当时就是这么一种状况。也有人想当什么头儿，但我其实不是这个想法，就是形势把我架在那儿了。一成立学校文革委员会，我就是主任。一成立年级支部，我就是负责人。面临群众运动，你跑不掉，就得出来做事情，所以我说，我在"文革"初期的作为很大程度上是身不由己，这是我的宿命。

批斗校长老师

我们在"文革"中的表现，简单说就是经过"四六八学潮"之后，我们这些党员学生的行为很像政工干部。从我个人来说，我的思想轨迹，从初中到高中一直在组织的关心下成长。家庭教育也是这个要求，不能违反组织原则，不能违反政策。因为这种思维惯性，在"四六八学潮"中我没跟上，落在了后面。正因为我落在后面，结果被人说是妥协、投降。又因为"被招安"，所以我就入了党。再因为我是学生党员，我就更加注重组织纪律和中央的政策。在这样一个因果循环之下，到"文革"初期，我们就格外强调组织领导，强调政策。脑子里一面是跟着主席，批判修正主义教育路线；一面是要讲政策，强调组织和有序。我觉得革命就革命，但不能乱来。我们经常学习和研究《五一六通知》和《十六条》，尤其对政策性的问题比较敏感。其他那些学校的学生，人家谁管《十六条》是干什么的。"文革"时揪斗老师，有些学生上来就打。因为我阻止了一些过激行为，又被人说成是策略派、保守派等。

关于四中、六中、八中在中山音乐堂批斗李晨、杨滨的事情，我记得不是很清楚了。陈小鲁的口述史[1]说是他提议，找我商量，那可能就是这样。因为我是四中的头儿嘛，几个学校要联合安排这些事情，一定会和我们大家协调的。那次我肯定是在主席台上，应该还有六中的董良翮等人。"文革"中用批判大会和群众发言这种方式批斗一些领导，在当时是很寻常的事情。我记不清那次有没有挂牌子，我印象中没有，也没有戴高帽子。那时周坚是四中校文革副主任，他跟我年龄一样大，但因病留了一级，当时是高二的学生。他是一个行政能力很强的人，说话做事都很清楚。当时，他是根据我的要求，参与批斗大会的组织工作，像如何上车、如何到达会场、如何布置维持秩序的人，等等。

刘辉宣是高一年级的团支部书记，也参加年级支部的会议，但他很激进。他平常就和我们较劲儿，觉得我们保守，看着我们不顺眼。那次开会，因为他是参加年级支部的人，周坚还特意把他安排在主席台上维持秩序。谁知他在开会中却第一个动手打人，我不记得打的是谁。[2]我们确实没有想到刘辉宣这么凶猛。台上当时一下就乱了。我们急忙阻止打人，维持秩序。

---

[1] 陈小鲁《己所不欲勿施于人》，见米鹤都主编的《回忆与反思——红卫兵时代风云人物》口述史丛书之二，第26页。——编撰者注

[2] 据刘辉宣口述，他动手打的是四中校长杨滨。另据当时在现场维持秩序的赵胜利回忆，刘辉宣在台上打人一事不实。他回忆，当时的情况是其他学校的学生冲上台乱打一气，而四中的同学没有一个冲上台的。这一点我很肯定。而且台上看守杨滨的人也保护了杨滨，制止了别的学校同学冲来打杨滨。杨滨回学校还跟我说：我知道咱们学校的同学保护了我。——编撰者注

但是已经有很多低年级同学蜂拥而上，冲上台乱打一气。我只记得李晨花白的头发，被皮带扣打到头上，流着血，看着很惨。后来我们只好把大会停了下来，把批斗对象都带下去，就散场了。

我后来为此批评刘辉宣，我说："你那就是一种过激的行为。"这次批斗会的结果，绝对不是我们的本意，我们也不允许这样做，因为它严重违反政策。那时已经有《十六条》了，不能搞体罚，不能打人，很明确。但是在党的历史上，不乏一些勇敢分子，他们不具备有组织地进行斗争的能力，但是生性鲁莽，崇尚暴力，具有破坏性。

后来又发生了一件事。有一天在学校里，突然一群学生就把杨滨围起来了。我们正在开会，有人报信：出事了，杨滨被他们押到操场的跑道上去了！我赶紧把会停了，说快走。过去一看，杨滨已经被连打带踢，衣衫不整了。我说，大家不能这样，要有秩序，要按照《十六条》办事，可以批判，但不要动手。这些学生要求游街，我和赵胜利就架着杨滨，边上还有秦晓等人，在操场上转了一圈。这过程中，我身上也挨了好几下，当然还不算狠。因为这些学生也不敢真惹我们，我们翻了脸也不客气。由于我们在旁边，火力马上就弱了，扔点儿土疙瘩、泼墨水什么的，没有多少杀伤力。原来都是用皮带抽、木棍打的，那后果不得了，我想老太太用不了多长时间就承受不了了。所以杨滨对此印象很深，她后来对儿子宋新鲁说："孔丹救了我一命啊！要不是孔丹、赵胜利他们，那我这条命就没有了。"①

　　四中还有一次突发事件，发生在四中的小院里，也是一帮学生突然就斗起了老师。我听说后，就赶紧赶过去了。当时在场的大多是初中的学生，可是这些初中的学生很凶。他们点着名地叫，×××上来！点一个老师的名字，就往台上拉一个，拉上来一个就剃一个阴阳头，剃完一个就往"牛棚"里送一个。下面的老师们都吓得哆嗦，眼见得上去一个就是一剪子，一推子。点了名、被推了头的老师，已经站在那里好几个了。我看见后就赶紧上台，给大家念《十六条》，不准再斗。告诉他们这种行为是不对的，很不客气地批评他们不能用这种方式对待老师，有什么缺点错误可以批评批判，但不能用这种侮辱人的方式。后来有的

①　对此，编撰者采访了当事者之一的赵胜利。据他回忆当时的情况如下：有一天中午，有人来报信，说出事了！原来是以高一年级为主的一群学生，挨着门把校领导及他们认为有问题的老师揪出来，要批斗、游街。孔丹当时一下就急了，拿起《毛主席语录》和《十六条》，和部分革委会的人急忙赶过去，一边跑着还一边对我们说："要因势利导。"到了那里，杨滨等一些校领导和老师已被揪斗。孔丹说："大家不能这样，要有秩序，要按《十六条》办事。要文斗，不要武斗，可以批判但不要动手。"当时很快就控制住了局面。但那些同学要求游街，这当时也很难制止。但为保护杨滨，只好由孔丹和周坚两人一左一右地架着杨滨，秦晓和我走在队伍前面开道。我们打掉了一些同学准备攻击校长老师们的棍棒、笤帚、水盆、簸箕（里面装有土），在操场上走了一圈。在这过程中，孔丹、周坚、秦晓和我都挨了打，并弄了一身泥水。回到教研组的院中，在南面一个里外屋，孔丹和我把杨滨搀扶到里屋，和学生们隔离开。孔丹让我一定要照顾好杨滨，千万不能出事。孔丹又到外屋，给其他所有被游街的校领导和老师做工作，让大家正确对待群众运动。所有被游斗的人都一一表态，表示要正确对待。我后来把校医请过来给杨滨检查一下身体，校医看到杨滨一身泥水无法下手。当时杨滨走不动了，我就把她背回她的宿舍，并安排王思敏、彭博文两位年轻女老师帮杨滨清洗干净。校医检查后，说她身体没有什么问题。后来我怕出事，还给杨滨做工作：党培养你这么多年，千万不能做对不起党的事，要正确对待群众运动。然后安排两位女老师轮流守护杨滨。到第二天上午，杨滨的精神和情绪都恢复了正常。

老师说，当时我的心都揪到嗓子眼儿了，知道快轮到我了，你孔丹当时能这么站出来，不容易啊。那年头，有些人进了"牛棚"就出不来了。我讲了一通后，这些老师就没被关押。

在当时那种潮流下，想到去保护校长、保护老师和同学，并不是偶然的做法，而是我们实实在在努力要去做的事情。像我们班的老师顾德希等，对我们来说是亦师亦友，很早就被我们给保护起来了，根本不让别的学生碰。我们好几次，就是直截了当地保护校长。批评可以，批斗也可以，批她过去执行错误路线什么的都行，但是不准动手，不准打人。所以四中就始终没人敢像在师大女附中那样，像在六中、八中等学校那样，在场面上就公然噼里啪啦动手打老师。四中始终没有，没人敢，因为我们的权威在那儿摆着呢，我们压着台呢。"文革"后的1982年，我到张劲夫那里做秘书，中组部要审查我"文革"中的表现。他们到四中请当年的老师们开座谈会，老师们都明确地表态说孔丹讲政策。

说来说去，这不是说我个人如何如何。因为我在那个地位上，这些事很多只是通过我个人表现出来的。在四中是有这么一个集体，是在这么一种共同思想认识的背景下产生的。这也不是要标榜我们有多正确，只是说这样一群人在那样的背景下，是怎么反应的。在"左"的大背景下，我们也是要起来造反的，从"四清"开始就起来批判修正主义，比如周孝正的"二十一"条被我们作为典型进行了批判。"文革"中也组织批斗了校长和教育界领导。不过，我们的批判不是采取一种有组织的暴力行为。

　　所以有些四中低年级的学生后来对我及我们这一批人不堪忍受，他们跟我们闹，说我们站在了革命和斗争的对立面，"你们就是不能像红卫兵运动那样发展，我们受到了你们的压制。"大字报也出来了，给校文革委员会提意见什么的。

被动成立红卫兵

　　"文革"初期，我对红卫兵的兴起是有看法的，认为过于激进了一点。王铭是我初中的同学，高中去了清华附中，他也是清华附中红卫兵的主要发起人之一。那时，我还专门到圆明园找他谈过。他说他们要成立一个什么组织，这在我看来是过激的，至少是不妥的，我坚决反对。我说："你搞什么组织啊？文化大革命主要是批判资产阶级路线嘛，你就按中央的指示做呗，按中央的政策要求来推动。"从当时我们之间的关系来讲，我的心态和口气是比较居高临下的。我说："你们根本就不能这么做，就我们在学校里参加'四清'运动的经验，一定要在组织的领导下，要靠党的领导。"当时中学生的斗争矛头基本上都是对着学校党支部的，但是只是批判他们的修正主义倾向，批判17年来教育路线的问题。这完全是可以有序进行的嘛。虽然我对他们有一定的理解，像王铭说的："我们受压制，工作组整我们，我们没有办法，我们只能和他们斗。"

少年时代的我

1965年8月暑假期间我和弟弟到北京公安总队下连当兵，那是一段难忘的锻炼经历。左起：罗挺（罗青长之子）、马佳（马列之子）、孔丹（孔原之子）、聂平（聂洪钧之子）、曾鲁（曾一凡之子）、吴丹（吴烈之子）、肖松（张元之子）、曾豫（曾一凡之子）、冯杭军（冯弦之子）、连指导员、张筠嘉（张际春之子）、张晓泮（张启龙之子）、朱春元（朱德之孙）、孔栋（孔原之子）、董良翮（董必武之子）、刘源（刘少奇之子）、罗援（罗青长之子）

注：1965 年，孔原是中央调查部部长；罗青长是中央调查部副部长；马列是周总理秘书；聂洪钧是粮食部党组书记；曾一凡是国务院副秘书长；吴烈是中国公安总队副司令员兼参谋长；张元是邓颖超秘书；冯弦是中央调查部副部长；张际春是中宣部副部长、国务院文教办主任；张启龙曾任中组部副部长（后任南京市副市长）；朱德是全国人大常委会委员长；董必武是国家副主席；刘少奇是国家主席。

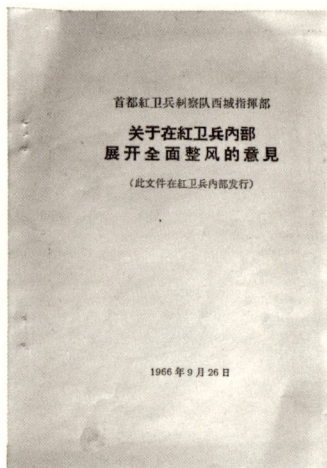

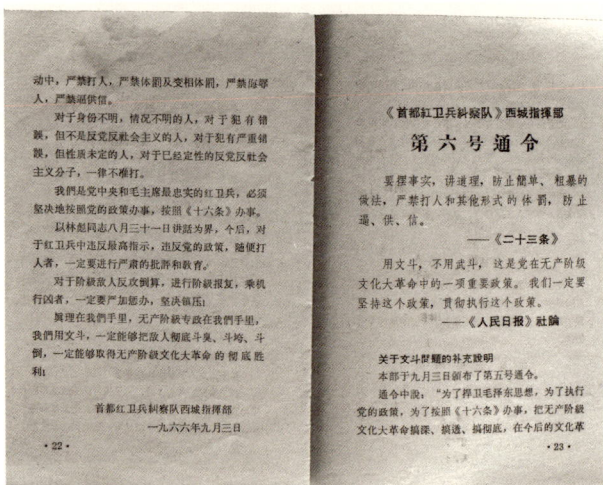

首都红卫兵西城纠察队在 1966 年 8 月至 9 月发表了十个通令，并开展内部整风。
图为当时印刷成册的通令集（孔丹收藏）

1967 年 5 月 24 日，我参加主办
的《解放全人类》小报；这份报
纸一共出版了三期

1969年2月，我到陕西延长县安沟公社高家川大队插队，直到1972年底离开。比画两下剑术（左为一起插队的同学刘建党），于陕西延长县

农民们夸赞："孔丹是个好后生哩。"于陕西延长县

锄地间歇，于陕西延长县

好友张浩云（左五）来陕北看望我，于陕西延长县。左起为陈辉、蔡丹江、刘建党、孔丹

弟弟孔栋从山西来看我，于陕西延长县

扬场（左三为孔丹），于陕西延长县

和老乡们一起耕地，于陕西延长县。后排右二为孔丹

冒口小烟儿，于陕西延长县。右一为孔丹

高家川河边小憩，于陕西延长县

哥儿俩读信，于北京

与老乡和娃儿们亲如一家，于陕西延长县

扬麦场上摆个 pose，于陕西延长县

地头吃饭，于陕西延长县。左二为孔丹

当年我住的窑洞 (2010 年朋友
为我摄于陕西省延长县)

1970 年代中期，我、弟弟孔栋和大嫂孙玉珍与父亲合影，于北京

1972 年，与刚刚恢复自由的父亲合影，于北京

1970 年代初期，与四中同窗好友合影。左起：蔡丹江、吴健、刘建党、孔丹、李三友，于北京

1970 年代中期，与朋友们合影。左起：曹武汉、孔丹、宋扬之、肖松、曹吉东，于北京

1970 年代中期，与朋友合影。左二起：张路宁、孔丹、王兴、孔栋、苏云、张延忠，于北京

1972 年 1 月，在庐山。左起：路书奇、孔丹、秦晓、孔栋、冯江华

1970 年代，那时候嗜烟如命

1970 年代，穷旅游中的哥儿俩

1972 年 1 月，在井冈山。桥上左起：路书奇、李三友、
孔丹、孔栋、冯江华

1972 年 1 月，于井冈山。左起：冯江华、李三友、路书奇、孔丹、秦晓、孔栋

1972 年 1 月，于黄山。左起：孔栋、孔丹、李三友、路书奇

1972 年 1 月，我和孔栋
于出行途中

1972 年 1 月，于井冈山。左起：冯江华、孔丹、路书奇、孔栋、李三友

1972年1月，我们哥儿俩和李三友
（左一）在著名的庐山仙人洞留影

1972年1月，我和孔栋（左
一）、冯江华（左二）、李三友
（左三），于安徽黄山

1971 年初，我去山西看望孔栋，于山西太原晋祠

1972 年 1 月，我和孔栋在南京长江大桥边

我劝他们多沟通，不要采取这种方式。不过，当时他们已经听不进去了。

四中像我这样的，不是一个，是那么一批人。我们作为能够掌控四中"文革"运动的这批人，在思想上是不接受红卫兵的，认为它是一个非组织的行为。实际上，我们对于当时海淀区学生比较激烈的做法也很不以为然。我们认为它不是一个正常的、像以往中央推动政治运动所需要的那种组织。所以，我在内心深处是抵触红卫兵的。甚至我多少有一点点认为，我们这些学生党员所代表的四中学生的水平，和海淀区这些起来造反的学生水平是不一样的。我们认为，我们更有政策水平，更了解党的意图和党的安排，更能有计划地推动这样一个有序化的运动。上面派工作组，我们就听工作组的；上面有政策文件，我们就按政策文件办。我们当时的思想就是这样一种状况，所以我们学校从"文革"开始，运动都是有序进行的。

从另一个角度说，后来的四中红卫兵在造反的意识上，也远远落后于海淀区的这些红卫兵。这和当时不同学校的学生成分构成有关系，和学生群体中的不同思想积淀有关系。如果不是其后潮流的推动，我本人是反对成立红卫兵的。在某种程度上，我视这种组织为革命运动中的"勇敢分子"。我今天说这话完全没有为自己开脱的意思，这已经是久远的历史了。从一开始，在"四清"运动中和入党之后，我已经被一些同学视为保守派，我也知道是哪些人及他们有什么样的看法。但我对此不以为然，始终认为我走的路是正确的。就是坚持在党中央的领导下，有系统、有组织地开展运动。这不仅包括"四清"中解决基层领导班子是不是变质的问题，也适用于"文革"中批判修正主义教育路线的问题，至少我认为应该如此。

现实情况是，工作组一来，学校党支部就瘫痪了。工作组就是依靠四中的这些学生、依靠团组织进行领导。后来四中成立了学校文革委员会，我又是主任，周坚是副主任。可以说，我们根本没有必要成立什么红卫兵。红卫兵这个概念，它和我们的思想主张，和我们的年级支部这种体系都不相符。

这期间有一个重要的政治信号，不过开始没有引起我们足够的重视。我脑子里从来都是要听中央，实际上后来才知道，中央已经分裂了。1966 年 7 月 29 日，刘少奇、邓小平出席北京市委在人民大会堂召开的北京市大专学校和中等学校师生文化大革命积极分子万人大会。我还记得邓小平说了句四川话"坐倒起讲"，意思就是坐下来讲。结果，毛主席突然从主席台侧幕处走出来了，带着"中央文革"的一群人，在台上走了一圈。但是，没有理睬主持会议的刘少奇、邓小平，这是个很强烈的信号。不过，我的反应还是有点迟钝，没有意识到中央已经分裂了，还是循着维护一个领袖、一个中央、一个组织的信念来考虑问题。

四中成立红卫兵比较晚，到"八一八"毛主席第一次接见红卫兵时，我们还没有成立红卫兵呢。那天在天安门广场，我们从高年级每个班抽调了五到十个同学，在金水桥附近维持秩序。这时，四中还没有正式打出红卫兵的旗子，也没有袖章。后来听到扩音器的广播，要四中的负责人上天安门，我就上去了。① 在这次会上，毛主席充分肯定了红卫兵小将，局势明朗了。

从天安门回来以后，我们觉得不能落后于形势，于是在四中成立了红卫兵。刘辉宣当时批评说，我们没有成立红卫兵是落伍了。他这话虽然对我们有促进作用，但不是决定性作用。我们之所以成立红卫兵，主要是由于毛主席公开表态支持了红卫兵，我们就不能继续按照原来的想法做事了。红卫兵被毛主席肯定以后，既有整个大形势的要求，又有内部的压力，包括刘辉宣这些激进同学的压力，也包括干部子弟内部纷争中认为我们保守、妥协的批评，所以在四中，我用一个说法叫——"不得不"成立了红卫兵。

但是，四中红卫兵没有一个完备的组织体系，没有实际上的红卫兵总部，没有设红卫兵的运行机构，实际上还是利用年级支部、文革委员会、各个班的文革主任等这样的一些组织形式。可以说，红卫兵不是我们那个时期参加"文革"运动的主要方式。

当时，我们一方面必须要说自己是红卫兵，是革命的；另一方面又不能接受血统论和暴力行为。于是，我们就走向了红卫兵的变异。

说起"文革"的暴力，总的来讲是人性中恶性一面的大爆

---

① 据彭小蒙回忆，"八一八"红卫兵上天安门是雍文涛主持安排的。雍要彭小蒙推荐学校，每个学校派 20 人。彭小蒙推荐了四中、师大女附中、北大附中、清华附中、师院附中等学校的红卫兵，每校二十人左右，总数有 400 人参加。彭还特意推荐了 31 中，因为该校红卫兵当初坚决支持他们反工作组。结果 31 中被错写成 13 中，31 中的红卫兵反而没有人能登上天安门。此外，还有几种关于红卫兵上天安门的说法，可参阅拙著：《心路——透视共和国同龄人》的有关章节，中央文献出版社，2011 年。——编撰者注

发。为什么我们后来的"西纠通令"当时得到社会各种阶层的拥护，就是因为老同志希望我们保护他们，被抄家的所谓"黑五类"也希望有个政策界限。许多原来的所谓"黑五类"在城市里，其实身份都已经转换了，可有人还把那个根儿记住了。在"红八月"的抄家风潮中，街道、派出所协助查老底，查完就动手抄家。很多抄家都是跨学校、跨地区的，通常是在学校附近查抄，谁想抄就抄了，而且夹杂着大量暴力，非常之乱。这是当时社会上普遍的现象，似乎是上层有组织推动的。那时很恐怖啊！我们觉得，这是个很大的事儿。

在破四旧已经形成大势的情况下，我希望在学校里大家不要这样对待所谓出身不好的同学，并要求我们班的同学和年级的同学，对出身不好的同学的家庭采取有组织的保护性抄家。我有个同学叫周雪中，他家就住在我家的对面。他学习也很好，我们初中、高中都是同班同学。上学时，我经常到他家去，坐在他家大杂院里的小桌子边与他一起做作业。这时，我们对他家也进行了保护性抄家，我们去了并没有真的查抄就贴上了封条，写上"四中红卫兵已抄过"。并让他们家里人把这些封条保护好，等其他学校红卫兵来时给他们看。周雪中的家就是我亲自带人去"抄"的，而且去的人里还有周孝正！因为我和周雪中的私交特别好，以当时我的地位，我亲自去就表明非常重视这件事。

最近这次同学聚会中，大家还一起回忆了保护性抄家的一些情景。鲁啸威以短信告我："我仅在抄家时去过许以敬和常悦家，此前没去过，此后也再没去过，因而印象较深。常悦家住在西四一条胡同小院。他的父亲个高、大腹便便，母亲瘦小羸弱。到他家后进了他父亲书房，常悦拉开书柜抽屉，里面有许多罐头。于是我们吃了几罐后，四处张望一下，什么也没拿，留下了你给的封条就走了。历时不到半小时。"说起来，鲁啸威、周孝正那时根本就不是所谓的"红卫兵"！

大家还回忆起其他人谁负责"抄"谁家。刘东负责抄黄汉文家，董志雄负责抄金以键家……气氛之平和友好，在充满暴戾之气的当年，是令人匪夷所思的，甚至也出乎我今日的想象。鲁啸威不无动情地感慨：当年那样做了，同学们之间才没有仇恨，才没有伤感情，才能像今天这样聚会啊。

后来我们就规定每个年级支部及早安排好，对于所谓出身"黑五类"的同学，比如说地主出身什么的，都应由本班的红卫兵负责查抄，不准他家附近的其他学校红卫兵插手。那时候，暴力行动非常容易发生。你不去，旁边的什么学校红卫兵可能就来了。当时，四中确实有不少所谓"出身不好"的同学，家是被自己班上的红卫兵查抄的。我不敢保证说，在四中红卫兵对班上同学抄家的行动中，没有发生过暴力事件。但是同班同学去抄家，毕竟有一个情面上的问题，这种方式相对会温和得多。我们制定这个政策的出发点，就是希望保护自己的同学，不要让其他学校的红卫兵去抄。因为那时候如果当地的派出所、街道啊，一旦给红卫兵提供了消息，红卫兵们往往就会采取残酷的方式。我们的做法实际是一种保护措施，当时就是这个心态。但是后来社会上流传的，有点走样。

顺便说一下，对血统论我是很不赞成的。社会上出现由对联引发的一个大辩论，我认为实际上是一种反动。我那时也看了广为流传的"谭力夫讲话"。① 看完后，我只能说我很佩服他的口才，引经据典，娓娓道来。但是说实在的，讲的道理缺少说服力。他讲的东西不能说明问题，因为我们党的宗旨、我们党的政策、我们党的发展、我们党的组织构成都不能容纳这个观点。我母亲就是一个官僚家庭出身的人，怎么是"老子反动儿混蛋"呢？我从思想上不接受。所以在这些方面，什么对联辩论等，我们都比较消极。对我们的立场，刘辉宣他们这批人是有意见的。他能即席为"老子英雄儿好汉"的对联谱出曲来，实在是很有才气，我真是佩服。我跟他个人关系很好，但是在四中，还是"政见"不同，我们把他视为"勇敢分子"，他把我们看作"保守力量"。他还编了好几个革命歌曲呢，据说有 11 首之多。我记得有一个什么《红卫战士响当当》，用京剧的调子谱曲的，当时也是很轰动的。他的才气在以礼平为笔名的《晓霞消失的时候》中得到了展示。我更感谢和重视他在他的口述史中，对我的理性行为所做的高度肯定，尊重他从自己的角度对"文革"所做的深刻反思。

我不同意对联，也受到了我母亲的影响。因为在这件事上，她曾被毛主席点名批评，这在后面再谈。总之，我在"文革"初期的思想认识，还是党的政策这个传统观念，尽可能地去保护身边一些所谓出身不好的同学。我们对同学家采取保护性抄家的实质，就是不同意血统论。这和我们之前在学校里建立起来的同学友谊是相关的，没有因为所谓的血统论割裂开。

---

① 详见谭力夫口述史《往事莫惊猜》，见米鹤都主编的《回忆与反思——红卫兵时代风云人物》口述历史之一。——编撰者注

"西纠"及其通令

首都红卫兵西城区纠察队的产生有其必然性，也有偶然性。说必然性，其实是和我们这一大批人对红卫兵的基本看法有很大关系，有个一脉相承的思想基础。偶然性从西纠成立的过程中，可以看得十分明显。我们学校高二的王向荣，他当时并不是学校领导集体里的成员。不过，他参加了一个活动，就是很多学校想要一起搞一个红卫兵的联络站，后来大家议论议论就议论成了搞红卫兵纠察队。他回来就和我们说纠察队的事儿。我说："我在学校还有很多事，咱们自己还忙不过来呢，你就去应付吧。"他说："我应付不了，孔丹，只有你去，别人谁也管不了这个事儿。咱们学校有这个能力，应当由咱们来做。"

"西纠"怎么成立的？陈小鲁回忆是他在一个场合下说要搞一个组织。[1] 我则是从王向荣那里知道的。这都无关紧要，主要

---

[1] 详见陈小鲁口述史《己所不欲勿施于人》，见米鹤都主编的《回忆与反思——红卫兵时代风云人物》口述历史之二。——编撰者注

是大家一拍即合。"西纠"是有总部的，但总部里我们这几个所谓头头，从来也没有过什么明确的称谓，没有谁是总指挥了，谁是司令什么的。不过我们有几个编号、排名什么的，我是 1 号，也不过就是这样。如果一定要说"西纠"司令是孔丹，副司令是陈小鲁、董良翮，大家也都不否认。可我从来没有这个概念，就是负责人，现在叫一把手，或者说就是四中出的组织者。"西纠"领导层的这个结构，不仅和四中地位有关，和陈小鲁、董良翮的性格也有关系。我则有一个很长时间的学生干部的历练，不是一天两天的历练，所以就自然形成了这样的格局。

在"西纠"总部里，有几个组。其他人回忆说，"西纠"有宣传部什么的，这似乎不对，应当叫宣传组吧。有一个组织组，组织组是王向荣负责。还有一个后勤组，由赵胜利掌管。宣传组是秦晓负责，其实非常起作用的是李三友。真正动笔，特别是很重要的六号、七号两个通令是李三友为主起草的。李三友的父亲"文革"前是北京公安局副局长，当时实际上已经被打成北京市委的"黑帮分子"了。不过在我们的眼里，李三友还是自己人，所以让他发挥着幕后的作用。其实马凯也在里面帮着做了不少工作。我印象中，起草"西纠"的通令马凯也参与讨论了。

"西纠"总部设在育翔小学的时候有两个纠察连，一个连全部队员是四中的，另一个是师大女附中的。我弟弟孔栋是四中老高二的，比我小一岁。他是四中连的连长，徐文连是徐海东的儿子，那时是指导员。师大女附中那个连谁是头儿，我记不太清了，包括邓榕当时都参加了师大女附中连。所谓一个连，不过就是几十个人。纠察连的任务就是住在总部，应付紧急情况以便集中行动。我们真正有组织的行动也就有几次，如在地质部和地院东方红的冲突、在国防科委和北航红旗的冲突等。总理要求"西纠"去北京火车站维持秩序，"西纠"又临时从西城区各个学校抽调了三百多人，由董良翮、陈小鲁率队去了北京站。这不是从纠察连直接派去的，但也是以"西纠"的名义组织的。还有些是临时情况变化就临时调动，比如保护班禅大师等。

"西纠"成立时，我觉得社会上太乱了。一方面是老干部被冲击，这是一个矛盾。学生和红卫兵起来冲击的第一批人是谁呢？是校长和校党支部书记，其实很多中学，特别是北京重点中学的书记、校长，都是抗战时期参加革命的老同志。如四中校长杨滨就是1938年参加革命的，是宋养初部长的爱人。所以这场运动发展到一定的时候，有一些干部子弟突然就悟到这个事儿了。这是冲谁来的啊？我们会有一个内在的本能反应。另一方面是当时的血统论和横冲乱砸的暴力行为，传统教育让我们觉得不能接受这种现状。比如说我当时作为班上的团支部书记，长期被灌输的一个理念，就是要团结所有同学，凡事要讲政策。我们的父母从来没有跟我说过什么"龙生龙，凤生凤，老鼠生儿会打洞"的话，从来没有这种观念。他们自己的出身和生涯也说明恰恰相反，人走什么道路，主要在于后天受到的影响和自身的选择。

我觉得，如果要讲"西纠"的产生，就是有这么一个大背景，其实质是对整个文化大革命的一个反动。社会上正好有我们这样一批人，就自然成为"西纠"的基础和骨干。我们和老干部有着天然的联系，老干部受冲击时就要站出来保护；另外，我们有组织观念，要自觉维护党和国家的机密；再有一个就是我们无法接受对群众，甚至成分不好或有问题的人采取暴力的做法，这些就是我们组织"西纠"时的基本观念。但是，我们的这种立场并不为人接受，"西纠"这个变种实际到后来是没有生命力的。在现实中，最后是谁都不容，哪方面都不容。"中央文革"不说了，连激进分子们也不容。就是在我们学校里，很多低年级的红卫兵也很不满意。他们说，孔丹，说好听点那叫策略派，说不好听的就是保守派，他们就不是真正的红卫兵！所以，当时成立"西纠"就是这么一个特殊大背景下的一群人，自然而然地起来了，发挥了一点作用，而且压制和抵制了他们看不惯的东西和做法。

当时红卫兵们在社会上四处出击。我记得有件事是一些红卫兵到新华书店，不准他们卖毛主席的著作。他们说，毛主席的著作是红宝书不能卖，卖就是对伟大领袖的亵渎。新华书店对此也有点心惊胆战，暗思不能白送啊。于是他们找到"西纠"，要求给个说法。当时大家一商量，认为学习毛主席著作非常重要，同时这书属于国家的商品，不让卖不合适。于是由"西纠"签字，同意新华书店继续出售，后来的通令中对此也做了进一步的规定。

还有件事，当时有义利食品厂的人来"西纠"，说有红卫兵组织勒令他们说：义利的包装纸上有一对和平鸽，是修正主义的图案，不能再使用了。义利食品厂当时是北京最主要的食品厂，如果不能正常生产，将会对北京的市场造成很大的影响。工厂很着急，说"十一"很快要到了，换新包装已经来不及，如果不用老包装实在完不成供应国庆节市场的任务，也请我们给个主意，当然，他们实际上是想继续使用老的包装纸，但又不敢惹那些红卫兵们。我就派赵胜利等人去看了一下。他们看后认为没有多大问题，就由赵胜利签字表示"西纠"同意继续使用旧包装，算是解决了这个问题。

"西纠"当时最主要的，是通过通令来发挥作用。"西纠"影响最大的就是十个"通令"。我们开始出了一号、二号、三号通令，是零敲碎打。四号通令我觉得应该有一点价值，是专门制止打人的。我们把毛主席语录放在最前面："政策和策略是党的生命，各级领导同志务必充分注意，万万不可粗心大意。"四号通令主要提出了七项规定。五号通令是关于抄家要注意的政策。

之后，我记得是三友对我说，我们不要再这么零零碎碎地弄，得针对整个社会出现的、我们认为应该要制止和纠正的现象，在下一个通令里系统地讲一下，做一个政策性的指向。比如说把所谓的"地、富、反、坏"都赶回原籍这件事怎么说？比如说红卫兵串联怎么弄？还有到处打、砸、抢、抄啊，怎么处理？政策性怎么把握？等等。另一方面，前面的几个通令我拿回家都给我母亲看了。她也觉得不够系统，比较零散，她只是有这么个感觉，但我心里把这视为是对我的指导。上面这两方面的因素，就成为了"西纠"最重要的六号、七号通令的由来。

六号、七号通令的主要起草人是李三友，他起草后我和秦晓修改。我们也下了很大的功夫，字斟句酌。这是对当时日趋严重的局势相对比较完整的政策性意见，把各方面措施、反对意见都说到了。今天看，通令有点像中央文件的范式。我们也确实是希望以中央文件为模板，所以在口气上也有些居高临下。这可能源于我们这批学生党员，认为自己对党的传统、党的政策和《十六条》认识理解上的正确性；也可能源于长年的学生干部经历使我们多少带有对低年级同学说话的那种口气。但是我们讨论的时候也特别意识到，通令在表达上不能和红卫兵抵触得太厉害。我们没有用"不要如何如何"的否定性语式，而使用"都不是我们应当采取"的这种措辞。比如我们说："打人，逼供信……都不是文斗，都不是我们应采取的方法"；关于体罚，我们也说："跪、趴、弯腰、负重、游街、长时间站立、长时间举手、长时间低头、长时间做重活都属于体罚及变相体罚，这都不是我们应采取的斗争方法。"关于侮辱人："戴黑牌、戴高帽、唱嚎歌、剃光头等等，都属于侮辱人，都不是我们所应采取的斗争方法。"如此等等。

当时，几乎所有反馈回来的消息，就是看了这个通令的人，不论哪个方面的，从外省市党委、政府，到社会上的各个派别组织，甚至包括后期审查我们的人，都认为这两个通令是有背景的。其实，那时候上面已经是两条线了。一条是"中央文革"在不断地接见人、发动红卫兵；另一条是总理在力图控制局面，稳定整个社会秩序。当时社会普遍认为，六号、七号通令的背后有长胡子的人出主意。"中央文革"认为我们的后台就是周恩来，一开始他们就视周恩来为"文革"运动的障碍，是刘少奇之后党内与他们对立力量的领袖。其实无论是我的意识中，还是我周围的同志们的意识中，我们也确实自认为我们背后是周恩来，或者说我们是周恩来通过国务院系统加以支持、借重甚至加以指挥调动的一个力量。

"西纠"的所有通令，我确实都曾拿回家给我母亲看过。不过都是我们已经完成了、公布了的通令。这些通令大都得到了她的肯定，但基本都是一种事后的反应。对于六号、七号两个通令，她的意见是：这个通令水平还是可以的，写得很清楚，有政策水平，文笔也不错。因为她长期跟着总理做文案工作，对文笔方面很注重。我还告诉她说："这是李三友写的。"不过，我今天仍然需要特别说明的是，她从来没有说过：唉，你们现在应当写一个什么通令，以后再写一个什么通令。她甚至都没有提醒过我要注意些什么问题，关注些什么热点。另外，她也从没有对我明确说过，这些通令她要不要向总理报告。只是在我印象里，"西纠"的通令她确实是肯定的。但我从来没有从她那里，或者通过她从总理那里得到任何指令或指令性的暗示。

这点也可以从"西纠"的十个通令的不连贯性来印证。比如很多内容重复，比如政策不连贯，比如说得不很系统，特别是八号通令在六号、七号通令之后，实际上又反过来了，讲什么砸了就砸了，抄了就抄了的。那就是因为六号、七号通令遭到相当多的红卫兵的攻击，让我们不得不向后退。这些通令反映的就是我们当时的一些思想认识，并自发地试图引导红卫兵运动的方向，绝对没有任何人在指使，这是肯定无疑的。

"西纠"的活动

　　"西纠"是 1966 年 8 月 25 日成立的，到 8 月 31 日就派上了大用场，跟北京卫戍区和公安干警一起，接受了毛主席第二次接见红卫兵时天安门广场的保卫任务。那天，我开始是在下边安排和指挥"西纠"的纠察连配合卫戍区的部队保护毛主席，后来接到通知，说要"西纠"派几个人上天安门，就把我叫到天安门城楼上去了。我上了天安门没多久，毛主席坐的北京 212 吉普车和总理、谢富治坐的吉普车就被红卫兵们围住了，困在了金水桥前面。红卫兵是从全国各地来的，没人敢碰，部队也不敢碰。这样，整个场面就失控了。谢富治负责安全，他紧张得不行，赶紧跳下车来维持秩序，可是不起作用。红卫兵们当时对谢富治、傅崇碧等负责警卫工作的领导，根本不放在眼里，没人理会他们。后来没办法，就叫"西纠"过来帮忙维持秩序。"西纠"的纠察队员把皮带一解，不管不顾，挥舞着皮带，连抽带打地打出了一条路，让毛主席等人的车从金水桥开了过去。这是当时真实的情况，我在天安门城楼上看得清清楚楚。在当时"西纠"人的心目中，毛主席是我们红卫兵的红司令，不能有任何危险。

第二天，也就是9月1日，谢富治就到"西纠"最早在九三学社的总部看望我们。我记得是在一个院子里，他刚一进来就非常兴奋地说："'西纠'可是做了好事。"他把裤腿拉起来，说："你看，我的腿都是青的。要不是你们'西纠'的队员扶着我，我踩都被踩死了，我这个命还是你们'西纠'救的。你们保卫了毛主席。这次要是没有你们，万一主席出点儿问题我怎么交代！"可是，后来迫害"西纠"、"联动"时，谢富治可没有手下留情。

8月31日那天，我上天安门以后，就准备好了一些"西纠"的袖章，准备献给领导同志佩戴。那时我们的袖章与一般红卫兵的袖章相比，显得特别大。我给江青献了一个，江青应该知道我。因为我简单地自我介绍说："我是孔丹，孔原和许明的儿子。"她就说："噢，噢。"就这么一句，没有太多的反应。而且我看得特别清楚，江青戴上之后，"啪"地就用大氅把袖章盖上了。那一瞬间我的反应还是有的，但没有太多往坏处去想，就是感到她对"西纠"可能有看法。其实，这时党内矛盾已经很尖锐了。

之后，毛主席回到天安门上。我上去又给周总理把"西纠"袖章戴上了。我还想过去给毛主席献袖章，总理过来拦住了我，说："你这个袖章可以给其他领导同志戴，但不要给毛主席戴。毛主席是全国红卫兵的领袖，只戴你们西城纠察队的袖章不太合适。"这样，我就又走到林彪面前，给他佩戴"西纠"袖章，他接受了，但显出沉默寡言的样子。然后，我就给叶帅戴上了"西纠"袖章，又给几个老帅都戴了。叶帅问我："你们现在在做些什么呢？"我说："我们组织了红卫兵的纠察队，现在就是发些通令，并在一些地方维持秩序，比如北京火车站外地来京串联的学生很多很乱，我们按总理指示要求已经派人去了。"叶帅听后说："你们做的是非常好的事情，需要我帮助吗？"我就说："我们现在缺一些交通工具，还有我们晚上要值班，可能需要一些被褥等。"叶帅说："那没问题，我来负责解决。"

后来"西纠"制作了证件，第一页是毛主席像，第二页就是戴着"西纠"袖章的林彪。这样的证件拿出去还是很被认可的。林彪的袖章编号是00001，本来是想给毛主席的。我后来戴的是10001，证件号也是10001。这是不是就是人们所说的司令？其实没有正式的说法，就是一个主要负责人吧。

当天晚上，我回家就跟母亲说，我今天见到叶帅，谈到"西纠"的事了。我介绍了"西纠"是个什么样的组织，叶帅还要给我们提供一些支持。我母亲说，唉，这样的事情怎么能麻烦军队、麻烦剑英同志管呢，我们来解决就是了。这些事由国务院、国管局处理。你们需要些什么？我说，我们现在住的地方不太够，是在九三学社临时的一个地方，需要找一个合适的地方当总部，需要一些车辆、被褥等。她说，好，这些我来安排。你指定一个人，我让李梦夫和他联系。随后，她就指派了国务院机关事务管理局的副局长李梦夫，我把这些事交代给"西纠"负责后勤的赵胜利。李梦夫后来把"西纠"安排到原空军的育翔小学旧址（当时已是教育局的仓库），给我们配了车辆、被褥以及经费等。

有人回忆，那次叶帅在天安门上对我提到了刘诗昆被打的事。刘诗昆那时是叶帅的女婿，是叶向真的丈夫。我的印象不是叶帅在天安门上直接和我说的，是叶帅的儿子叶选宁找我说的。叶选宁通过徐文连找到我，说有件事要和我谈谈。我就去了北长街的叶帅家，刘诗昆也在那里，手上还打了绷带。叶选宁说："孔丹，你得帮个忙。他们要伤害刘诗昆，他的手都被红卫兵打坏了，那将来还怎么弹钢琴啊？"我脑子里想，应当保护刘诗昆，他是个艺术家。我说："选宁大哥，没问题。"我记得后来是派徐文连带队去的音乐学院，保护了刘诗昆免于进一步被迫害。也有可能那次叶帅在天安门上也讲了，因为这事儿跟叶帅有这么个关系。具体我记不太清了，我印象深刻的，主要是叶帅对"西纠"的支持。

在此之前，总理已经亲自主持和部署"西纠"在北京火车站维持秩序了，起因是红卫兵大串联把北京火车站的秩序搞得十分混乱。那天在国务院的一个会议室，他召集铁道部、国务院办公厅的人，包括外号武大麻子的铁道部副部长武竞天，还有周荣鑫秘书长参加。他那次把我、陈小鲁、董良翮三个人也叫去一起开会。会上周总理一改在我心目中温和的形象，发了很大的火。我小的时候，因为父母的关系和总理很熟，从没见过总理发脾气。那天，他把武竞天叫起来一通数落，训斥他失职没做好工作。武竞天是副部长，也算我的父辈，他被叫起来，就坐不下去了，就那样站在那里，很尴尬。我还从来没见过这样的场面。总理后来说："今天，我把'西纠'的红卫兵请来帮你的忙，来解决这个问题。"然后总理对我们说："现在看来，警察不行了，部队也不行，都不行，都管不住了。只有靠你们红卫兵了。"所以他当场就决定让"西纠"把整个北京火车站接管了,让我们会后马上去做安排。

于是,我们立即组织了几百人,由董良翮、陈小鲁率队去了北京站。这可不是简单的事,工作量极大。董良翮带着很多"西纠"队员在那儿待了很长时间,扎扎实实地在那儿分兵把口,吃没吃喝没喝的,每天都是席地而眠。车站的事我只去看了一两次,看到大家的高度责任感和奉献精神,着实感慨得很。董良翮、陈小鲁他们把整个车站秩序维持得很好,保证了史无前例的大串联中一千万红卫兵进出北京的秩序。

我记得那次开会出来就碰上"二李",一个是李富春,一个是李先念,两位副总理,而且李富春是八届十一中全会中央改组后的中央常委。他们说,你们那个"西纠"很好,我们支持你们。你们那个通令也很好,就是要保护好老干部,保护好国家机密。我母亲正好也在旁边,说:"唉,你看看,两位副总理都专门讲了,你们要努力做好工作,做好这些事儿啊!"

陶铸后来也接见过我们,当时他是中央改组以后的第四把手,他也肯定了"西纠"。可以说,这是这批老干部对毛主席发动"文革"这种无序做法的一种变相抵制。当时在"西纠",我们大家一张嘴就是保护老干部;但其实这场运动就是要通过打乱国家机器,最终要打击的是老干部。

在关心"西纠"的这些老同志中,要说操心最多的还是周总理。他的命运就是这样,他又要跟着主席走,又想最大限度地减少群众运动的混乱情况。所以,他要抓住各种可能性来做这些事。今天来看,当时周总理把我们作为一个工具,或者说是可资利用的一个力量是很明确的。我的印象是，确如总理说的那样，当时部队、警力都不能发挥作用了。社会上没有一种有组织、有权威、有能力的体系可以直接处理这些问题，总理甚至把北京站都交给红卫兵来管，就很说明问题了。而我们"西纠"恰好有这么一个背景，我们就去做了这件事。

其间，国务院秘书长周荣鑫还找我和赵胜利布置保护班禅的事，他说，我受总理委托，给你们一个任务，民族学院的学生要斗班禅，有些学生会很激进的，所以你们"西纠"要去保护好班禅。

那次"西纠"保护班禅，是我亲自带队去的。我安排了三圈红卫兵手挽手，把班禅围在当中。那时候"西纠"已经声名远播了，所以没有发生什么对我们的冲击事件。当部署安排的时候，我说："如果有人冲上来就拦住，任何人不准接近。如果接近就驱赶，硬冲的话就用皮带打。"当时也没有别的办法，谁要冲就打。只有用这种办法，要不然挡不住。我记得，当时我围着班禅转了一圈，我的感觉，他当时的心态是很抵触的，真对立起来后果不得了，真要是有人冲上来，那一定是激烈对抗。但是，由于这些红卫兵纠察队员显得也很凶，谁也不敢上。这种保护方式也太特别了。

程砚秋是著名的京剧表演艺术家，去世时留下了一些房产和文物等。文化大革命初期，红卫兵的抄家、破四旧给他的遗孀果素珍造成极大的压力。为了争取主动，她给周总理写了一封信，提出除了少量房屋要住用外，程老留下的房产及剧本、戏装、文物和其他财产等统统上交国家。周总理看了这封信后，就把保护程砚秋遗孀的任务，交给了我母亲。她就跟我说，你们"西纠"派人跟我一起去。当时她也没有警力，也没有部队，就带着我们"西纠"的人去的。后据赵胜利告诉我，到程家后，程的遗孀一看到我母亲，知道是周总理派来保护她的，顿时热泪盈眶。[1]

---

[1] 据赵胜利回忆：许明同志得到总理批示后，在国务院开了会，请了"西纠"、大学一、二、三司以及戏剧学院、银行、房管局等单位的代表参加。孔丹派我和姚宁作为"西纠"的代表参加。会议一开始，许明副秘书长宣读了程砚秋遗孀给总理的信，请戏剧学院的代表介绍了程老在艺术上的成就与地位，请银行及房管局的代表讲解了有关政策，并根据相关政策提出了具体处理意见。最后许明同志对我们这些红卫兵代表说："今天请你们来，是和你们一起研究一下怎样落实周总理的指示，我们一起把这件事处理好。"我们这几部分红卫兵代表一致表示，坚决按党的一贯政策办事，同意戏剧学院、银行及房管局提出的处理意见。会议结束后，我们全体与会人员前往程砚秋家。见到程夫人后，许明同志拉着她的手对她说："总理收到了你的信，派我来看望你。"只见程夫人顿时热泪盈眶，连声说："谢谢总理！"落座后，许明同志以商量的口气把具体处理意见告诉了程夫人，程夫人十分满意。之后，许明同志当即要人起草了一份布告贴在大门外，大意是程砚秋家已经红卫兵等革命群众组织检查过，不允许再查抄，落款是首都红卫兵西城纠察队以及大学红卫兵的三个司令部。——编撰者注

母亲与"西纠"

我觉得，我母亲在"西纠"的事情上有双重的身份。

一方面她就在总理身边，她了解总理的想法、总理的意图；所以，她要贯彻他的意图，她不是完全被动的，有主动的一面。我母亲做过周总理办公室的副主任。后来毛主席取消了办公厅，周总理也取消了办公室，我母亲就转到国务院做副秘书长。在当时的妇女干部里面，除了党内几个老大姐以外，她算是非常出色的女同志，40岁出头就做了副部级干部。总理那儿当时的秘书很多，分管不同的工作。她和范若愚大约前后或同时在总理那儿工作。范若愚是理论秘书、学习秘书。我母亲负责过农业、文化方面的工作。还有其他同志分别负责外交、军事、工业等方面的工作。

另一方面，她作为母亲对我们兄弟俩有个基本认识，认为儿子们还不错，不胡来，还是有点本事、有点水平的，不论在政策的把握上还是文字上都还可以。这是个大的概念，她对我有所肯定。但是当她看到我们和造反派对立的时候，她就直接打电话过来制止了。比如说她坚决阻止我们和地院东方红、北航红旗冲突。当时，以朱成昭、王大宾为首的地院东方红冲击地质部，揪斗何长工。"西纠"过去制止，双方发生了直接冲突。"西纠"参加这个行动的，有好多领导人的后代，邓榕、徐帅的儿子徐晓岩等都参加了。那次地院东方红冲击得很厉害，我记得在楼梯上已经发生肢体冲突了，后来双方就在楼梯上僵持着。

我母亲一开始打电话找不到我，找到了孔栋。她让我弟弟一定要告诉我，务必要撤出来，不要再和他们冲突。后来，我母亲又打电话直接找到我。我在电话里还不服气，对她说："我们为什么要这么做？"她说："你不要问，就是马上撤出来！你们不能这样顶下去，你们必须撤！"她掌握的信息量肯定比我大得多，说明在高层矛盾开始明朗化了，一定是这样。我后来要求"西纠"撤的时候，下面好多人跟我急了，说："孔丹！你怎么能做这个决定？咱们怎么能撤？"我说："别讨价还价，撤！"

后来，我们在国防科委与北航红旗对抗的时候又是这样。那两次，都是我母亲亲自来电话，说你们马上撤回去。她来电话的意思是，你们必须撤，你们不能和"中央文革"支持的造反派对抗。其实，她就差说一句，这是总理的命令了。但这句话她是不会说的，我相信有一层关系在里面，他们有一层交代是我所不能知道的。当时，我母亲就在总理身边。她一直在劝告我们，不要和大学造反派发生冲突。我觉得，其实这就是总理的意思。

成立"西纠"的指导思想，主旨是维持秩序，后来被江青叫做保皇派，还有一个说法叫消防队。我们在火车站维持秩序，保护班禅，保护程砚秋遗孀，保护刘诗昆，保护何长工，保护赵尔陆，在石油部我们保余秋里。后来发展到很多人都来找我们，铁人王进喜也来跟我们联络。王进喜慷慨激昂地说："我们要成立红卫兵西城纠察队大庆支队！"所以后来我们被造反派批评是保爹保妈派，也被批判为保护既得利益。因为运动确实已经冲向了整个干部阶层，冲向了我们的家人和我们的亲朋好友了。

"西纠"后来的命运走向衰落，标志性的事件就是与地院东方红和北航红旗的两次对抗。这两个事件标志着我们思想的转变，无论是出于一种本能或者说是一种自觉，我们已经知道这个运动不是对着一两个党支部，而是要对着整个干部队伍，特别是高级干部队伍了。运动在部队也开始了，原来说部队不可以搞文化大革命，要稳定，但后来卷入"文革"的速度也很快。

从"西纠"成立的 1966 年 8 月 25 日到 9 月底，三十多天的时间，"西纠"的真正作为也就是上面讲的那几件事，但是它的形象和影响被无限放大了。其实到 9 月下旬，我们就听说陈伯达讲话谈到高干子弟不要担任群众组织负责人的消息，[①] 我们这几个"西纠"的负责人就在"十一"前后离开了北京，前往外地串联。我就再也没有过问"西纠"的事情。除了中间回过一次北京之外，一直在外地串联。而"西纠"在完成国庆节的维持秩序任务后，也基本上处于停滞状态。很快，随着批判资产阶级反动路线的开始，"西纠"就成为了被批判的对象。应该说，"西纠"从

①　1966 年 9 月 25 日，陈伯达在接见外地红卫兵时提出，高级干部子女把持领导权对运动不利，对本人不利。他以个人名义建议：高级干部子女在文化大革命运动中占有领导岗位的，应当让出来，让普通的工农子弟领导文化大革命。——编撰者注

成立起，从来不是一个特别严密的组织，其总部与各个学校红卫兵的关系如一盘散沙，各学校红卫兵往往是自行其是，其中有些学校（如六中）的暴力行为，"西纠"总部是难以承担责任的，只能由那些实施暴力的个人负责。

在外地串联的时候，我一直关注着北京的政治局势，特别关注着我父母的情况。文化大革命中，我的转变是很自然的，很快就站到了对立面，从内心深处反感这场运动。我已经预感到要出问题了，地质部的何长工、国防科委的赵尔陆，都是我父亲的好友。他们一个个都成了斗争对象，王震在农垦部也被整得很厉害。9月份我们还很活跃，但我母亲告诉我，一定不要和造反派冲突；大概是在10月份，我们就无所作为了；但是，我感觉得到这场运动的来头和趋势绝不会停留在这个阶段。我感觉到了一种威胁，甚至是一种恐惧。于是，我一直注意着毛主席接见红卫兵时报纸上刊登的领导同志名单。当时，毛主席一共11次接见红卫兵，每一次都有一个名单，当时对老干部的报道方式是："登上天安门城楼的还有……"我就一直盯着看，我父亲这11次都参加了。每次看到他在上天安门的名单上，我心里的感觉就很微妙，隐约觉得有点不太对劲儿，可是更多的是觉得心里有底了，噢，这一劫可能过去了。所以说，我没想到风云突变，更没料到会来得这么猛烈。其实，一切都还方兴未艾呢。

出问题就是几天内的事儿。我记得特别清楚，1966年12月16日那天在北京工人体育馆召开批判"资产阶级反动路线"大会，总理和"中央文革"的人都出席了。江青在会上点了五个人的名：王任重、周荣鑫、雍文涛、孔原、许明。江青说，要抓出"西纠"的黑后台，抓出来会吓你们一跳，等等。据说，从不吸烟的总理，那天点上了纸烟，脸色铁青。但当时我尚在外地串联，不在北京，没有亲历这次大会。之后的灾难，就直接对着我和我的父母来了。12 月 21 日，我从南京回到北京，因为没有带过冬衣服，只裹着两件很薄的单衣。我是夜里回到家的，一进门，发现整个院子都是黑的。我往正屋走，就看到正房门上全都被贴了封条，只留下我们住的几间厢房。

孔栋这时从床上爬起来跟我讲，前几天开了批判会，江青点了爸爸妈妈的名。点完了名，地院东方红的造反派马上就跟中央调查部机关的造反派组织联合起来，动手抄家，然后就封了门。我说，毛主席最近接见红卫兵，我还都看到了爸爸的名字呀，应该没有什么大问题呀，所以，我在外地还放心地转来转去。他说，就是这几天的事情，原来父母都可以自由行动的，江青一点名，爸爸就被隔离审查了，来势汹汹；妈妈呢，也就基本上不能回家了。之后，他跟我讲到另一个事儿，就是现在有人成立"联动"什么的。我说，再说吧，我还不知道什么情况呢。

我们还在聊着，门口就有人来说："你父亲住院了。"我说："啊，住院了？在哪儿呢？"他说："在北大医院。"我和孔栋马上就过去了。到门口一问，人家说没有孔原住院啊。我马上问了一句：有个许明没有啊？人家一查，说有。我转身就跟我弟弟说，坏了，出事了！我跟弟弟虽然只差一岁，但当年我对父母的理解可能更多一些。我的相貌和性格也都像我母亲，所以我可能更了解她。我父亲历史上经历过很多波折，有人说他是"老运动员"，承受能力比较强。我母亲不一样，她一直都是党内大家都看好的优秀女干部，而且资历也不浅。可我母亲性格刚烈，和我父亲有所不同。当时我的直觉就告诉我，妈妈自杀了。在向抢救室走的路上，人家就说，你妈妈服安眠药自杀了，正在抢救。

孔栋听后说："哎呀！昨天妈妈打电话给我，说她睡不好觉，让我把床头柜的安眠药给她拿点送去。我不认识什么安眠药啊。妈妈说没关系，你把床头柜的药全都给我拿来就行了。所以，那天我就把所有的安眠药都带去了。"孔栋告诉我，以往我们去找我母亲，都要进她的办公室。这次去送药的时候，是她自己走出来的，没有让孔栋进去。他们是在北海大桥上见的面，就是北海和中南海之间的那个大桥，桥西边是国务院的北门。大冷天里，他们就在北海大桥上来回走，边走边谈，谈了很长时间。我弟弟的情绪也很激昂，说要跟这些大学造反派斗啊，包括对"中央文革"有意见等。我母亲就劝他，你们要冷静啊，不要再跟"中央文革"对抗，万万不可以。她还提到"西纠"去地质部和国防科委的事，以这些事的处理劝说孔栋。孔栋不服气，说："那是他们不对，我们做的没有错。"我母亲说："等你哥哥回来，你跟他讲，一定要注意，不要再和造反派对抗！"

后来很长一个时期，我真正后悔的事情就是，我不应该在那么敏感的时期出去串联。我跑出去大串联，当逍遥派了。如果我在，可能还有机会救我母亲。她那时很难跟外面沟通了，我可能还有机会和她交换想法。

我母亲虽然那时候还没有被隔离审查，但是江青直接点她的名，甚至把与"西纠"毫无关系的她的丈夫也抓了，后面等着她的将是什么？我想她是看清这个形势了。我们后来得知，这天她回到办公室以后，把办公室的屏风拉到值班床的前面，横着挡住人们的视线，然后把所有的安眠药，包括速可眠什么的，放在一个玻璃杯里用水冲了，喝了有一半左右。喝药之后，她关了灯，人就爬到值班床的下面。这期间有人来找过她，因为那个屏风挡着，所以别人进来，开灯一看，都说许明不见了。后来感觉情况不对了，找了好久，我母亲的同事才在床下找到她，赶紧把她送到附近的北大医院。

这是1966年12月21日夜里的事。我母亲就在我回到北京的那天夜里，大致就是我到家的那个时间吃了安眠药，凌晨发现之后被送到医院去抢救的。我们到急救室时，她已经没有知觉了。那时候医疗条件不行，没有什么办法，就给她点滴什么的。直到她自杀24小时之后，才弄到一个人工肾，现在叫肾透析机。洗了肾之后，呼吸似乎有了比较明显的好转。实际上，药力在这个时间内已经从她的血液进入了细胞，毒性就大了，这时再做透析已经不行了。我在医院守护时，我父亲也被两个造反派押着到医院来了。他只和我们说了几句话。他还对那两个造反派说了一句："你们报告一下，孔丹回来了。"我当时还挺奇怪，他在说谁呢？向谁报告孔丹回来了？

熬了一夜之后，好多同学和朋友听说了都来医院看望照顾，还主动要给她输血。我看母亲情况好像有点儿缓，下午三四点钟就回家去休息一下。现在看，我母亲当时是回光返照。我回到家坐下喘口气，刚想去洗个澡，这时门口就来人了，说有人找你。我说谁呀？就站起来了。一下子进来了六个警察，问："你是孔丹？你被拘留了。"这时，我才明白我父亲那句话的意思。他们已经决定要抓我，可能问过我父亲我在什么地方。在我母亲还生死未明的时候，我被抓起来了。我母亲什么时候死亡的呢？就是那天晚上。那一天，我下午进了监狱，我母亲晚上去世了，我父亲也是此后由隔离审查转为监禁，进了监狱。

"西纠"祸及父母

　　毛主席第一次接见红卫兵之后，红卫兵运动就已经遏制不住了。红卫兵的发展态势已经超出学校范围，走向了社会，抄家、破四旧、冲击领导机关、搞批斗等，十分混乱。

　　我们成立"西纠"是在中央发布了《十六条》之后。我觉得《十六条》在某种意义上，是党内高层一个妥协的产物。它一方面反映了毛主席和"中央文革"要继续深入地搞文化大革命；另一方面反映了以周恩来为首的一批领袖，出于保护老干部和稳定社会秩序而制定的政策界限。其实在共产党的长时期发展中，无论什么情况下，任何运动，无论是全局性的运动，还是局部性的运动，都是有政策要求的。不管这个政策要求是"左"了呀，或是"右"了，但是都有它的条条框框。比如"四清"有23条，"文革"先有《五一六通知》，经过实践，又出来《十六条》这样的指导性文件。所以说，《十六条》像以往的政策一样，那里边讲得很明确——"要文斗不要武斗"。但是今天看，当时毛主席出于彻底发动群众的目的，有意识地在放任社会，特别是放任红卫兵们去突破政策界限。整个社会失控，局面十分混乱。当时虽然我们认识不到这么深层的问题，但是凭借着我们多年所受教育而形成的思想意识和本能，就成立了"西纠"。我们觉得我们有责任、有能力按《十六条》的要求，为党中央、为维护整个社会的稳定而推行这个政策。

这时，我们还看到了一个现象，那就是中学红卫兵走向社会破四旧，一些批斗也涉及了北京市教育局、教育部、团中央等机关。而且，大学的红卫兵也起来了，而他们的矛头已经指向了党政机关和各级领导干部了。总之，红卫兵运动已经不像文化大革命刚开始的时候，仅仅停留在校园里和对当时的大学党委、中学党支部的批判了。其斗争和冲击对象，已经不是当时传统的阶级敌人——"地、富、反、坏、右"了，矛头直指党政部门以及领导干部。这是对我们思想的极大冲击。我们认为走资本主义道路的当权派只是一小部分人，而广大从战争年代走过来的老干部是好的，他们的缺点错误可以批评批判，但不应都被打倒。因此，我们希望尽自己的力量来保护广大的老干部。但恰恰是这一初衷，实质是对文化大革命的反动，也成为"西纠"很快陷入灭顶之灾的根源。

"西纠"看起来是一种自发的行为。就我们而言，我们自认为是按中央精神做的。彭小蒙、卜大华他们发起红卫兵的自发行为，让毛主席大笔一挥就推动了群众运动；我们成立"西纠"的自发行为，被党内实际上以周总理为代表的一批老同志抓住，试图起到制衡和控制局面的作用。从本质上讲，"西纠"这件事反映了"文革"初期党内一些老干部，希望借重一种群众组织，也就是一部分红卫兵来抵制"文革"路线的一个思路。比如我母亲当时了解到叶帅支持"西纠"，愿意给"西纠"提供物质帮助时，她马上想到把这个事儿接过去，也反映了她是想用国务院的系统来制止混乱、控制局面这么一种思想。

总理亲自召集我们开会布置任务，总理身边的人直接向她的儿子提供物质支持，总理让国务院秘书长、副秘书长给我们交代各项任务。这样一种事实，能说不是总理在后面支持"西纠"吗？所以，不能说"中央文革"因为抓"西纠"的后台而把矛头指向周总理，是空穴来风。人家就是把"西纠"当作周总理的一个罪状来处理的。反过来说，如果没有周总理的支持，也不可能有这些安排。我相信我的母亲和李梦夫这些人没有这样的权力，肯定向总理报告过。

我母亲自杀前曾留下了一封遗书。遗书当年没有给我们看，直到今天我也始终没看到。但是据当时看过的人传出来的，有这样一句话："关于'西纠'的问题都是我的责任，与周总理无涉。"我母亲实际上是想通过自杀表达两个意思：一个是我不受屈辱；一个是"西纠"的事我来负责，切断与其他人，特别是与总理的联系。还有一句话："我的儿子们都已经长大了，应该在运动中经受锻炼。"大概就是这样的意思吧。她去世的时候才47岁，现在连母亲的遗书都找不到了。我母亲这么决绝地主动选择了死亡，我想她是想切断和总理的联系，死无对证嘛；另外我觉得她性格上强硬，不堪受辱，是另一层因素。"文革"后重开追悼会时，我在她的悼词里加了句："宁为玉碎，不为瓦全。"虽然是隐喻，但也说得很明白了。

　　我想，母亲当时因为"西纠"，压力很大，但其实她还有来自其他方面的压力。我母亲在"文革"初期就反对"老子英雄儿好汉，老子反动儿混蛋"那副对联，说这个应该改。我母亲那时在国务院联络站，负责与群众的联络。当时陈伯达给她写了一个条子，上面写：许明同志，这个对联——"老子英雄儿好汉，老子反动儿混蛋"，我建议改成"老子英雄儿接班，老子反动儿造反"，请你在国务院联络站公布。我母亲就把这个作为一个正确的意见，实实在在地在国务院的接待站公布了。谁知，这一下就捅了马蜂窝。

　　当时的红卫兵们大多很激进，对此意见很大。这个意见发布以后，就被群众围攻。这些以红卫兵为主的群众说，陈伯达你作为"中央文革小组"的组长，怎么能说这个话？你怎么能反对这个对联呢？后来，陈伯达说，这是许明在国务院联络站有意挑动学生和陈伯达的关系，挑动学生把矛头对准他。这也算是她一条罪状。这还没完，"中央文革"的戚本禹就把这个情况写了一个报告给毛主席，内容是说许明在国务院接待站发布这个，实际上是挑动群众对着伯达同志。毛主席看后就批了："许明，支右压左，如不能改正，应调动其工作。"对一个高级干部来说，毛主席这话分量是很重的了，也许是我母亲参加革命以来受到的最严厉的批评。

　　另外一方面，听说我母亲和江青关系一直不融洽。她们在延安时期就是党校的同班同学。她们之间谈不上什么宿怨，主要因为我母亲这个人非常清高，并不怎么尊重江青，没有把她当成什么主席夫人。大家凭本事工作，主席夫人又怎么了，有什么了不起？她大约是那样一种心态。后来我母亲在总理那里主管过文化方面的事，像样板戏《沙家浜》，开始叫《芦荡火种》，这些京剧改革的事情母亲都参与了。由于工作上的关系和性格上的问题，她和江青就有了一点摩擦，也有过这样那样的冲突。江青是一个心里很阴暗、很变态的人，非常狭隘，凡是原来对她有点不恭的，她都会记恨。

更重要的是，主席表态了，"西纠"又成了"文革"运动的阻力。"中央文革"的搞法，就是找事儿。正好你许明赶上"西纠"的问题，又是总理身边的人，那正合适去整你。吊诡的是，我父亲孔原当时是中央调查部的部长，本来和"西纠"的事情根本就没沾边儿呀，也被江青点名一把撂进去了。我想，主要就因为他是许明的丈夫，马上就被隔离审查了。后来又以监护审查的名义，投入监狱里关押了七年。江青在大会上说，要抓出"西纠"的黑后台，抓出来要枪毙。那压力从天而降，骤然加剧，所以我母亲自杀，它是有一个背景的，不是一个简简单单的"西纠"事件。这些高层的事情，我们当时还不知道。

我个人付出的代价、我们家庭付出的代价，以及我母亲的自杀，都和"西纠"的事情密切相关。那时他们的做法很厉害，谢富治原来还支持过"西纠"呢，说"西纠"救过他一命。可我后来听谢富治的儿子谢国庆传出来的话，谢富治曾恶狠狠地说要杀一儆百，要处置几个人。

今天回想起来，当年"西纠"的事儿如果是由叶帅直接支持，我母亲不要接过来，大概可以释放一点儿压力。我母亲不介入这么深，我父亲也不会被卷进去。一定意义上说，我成了惹事的根苗了。要没有这事儿，我觉得我母亲陷不到这个程度，也不至于自杀。我父亲在"文革"中垮台还是要垮的，这是跑不掉的，但是不会那么快就被一巴掌打下来。1966 年 12 月 16 日的大会之后，我父亲被隔离审查，21 日我母亲自杀，23 日我被抓进监狱，当天晚上我母亲就去世了。很短暂的时间，前后就是几天的工夫，我们就家破人亡了。

今天历史地看这问题，我觉得当年甚至什么要当学生领袖、当红卫兵头儿的想法都没有，就是多年教育出来的那套规范的东西，所谓党的传统观念，就把我给架在那儿了。如果没有那么一场，我不会有牢狱之灾不说，我母亲也不会被抛在风口浪尖上，家庭也不会有这么多的悲剧。"西纠"，可算是我一生的梦魇，甚至影响到了我的大半生；当然，由此造成的突如其来的家破人亡，也成为我一家人不幸的渊薮。

1975 年，举行了我母亲在八宝山公墓的骨灰安放仪式，低调地恢复了她共产党员的名誉，算是第一次平反吧。打倒"四人帮"后，1978 年举行了正式的追悼会，李先念、王震、余秋里等很多老同志都参加了。这第二次才真正彻底地为她平反昭雪，也为她的一生画了句号。

囹圄生活

我在监狱里待了整整四个月。1966年12月23日我母亲去世当天我被拘捕；1967年4月22日列宁诞辰那天晚上，我被释放。

因为"西纠"问题被抓的，当时只有我一个人。董良翮被抓，主要是和六中的所谓"集中营"的事情有关。当时把我抓起来，矛头所指显然是周总理。从"四人帮"迫害总理、老干部的角度来说，这是一个阴谋。那时追查所及，指向了叶剑英、李先念、李富春、陈毅、徐向前、陶铸、余秋里、廖承志、王任重、何长工、吕东、周荣鑫、雍文涛、孔原、许明，等等。"中央文革"希望从我身上追查出"西纠"的后台。以现在的标准看，我母亲为"西纠"提供了办公地点、交通工具、被褥，都够得上算是支持了，你想撇也撇不清。

所以，审讯的主要方向就是指向所有的领导，所谓抓"黑后台"。但是这阴谋没有得逞，我在监狱里面直截了当地说清楚了，"西纠"是我们自发的行动，事实也是这样。他们在监狱里问的问题一直围绕这些，不过审讯方式还是比较文明的。预审员问：你是"西纠"的头儿？你妈妈到底给了你什么指示没有？雍文涛有什么指示没有？周荣鑫是怎么说的？那我就只能说那些事实，但是得不出结论周恩来总理直接给了什么指示。当然他们对这个问题非常感兴趣，比如他们问：你们成立"西纠"是不是有背景？你们的通令是谁指使的？你们的那几次事件是不是有背景的？我也是如实地回答。这个我是咬定了的，但我不会再说我母亲肯定我们的做法什么的，这些我就不会说了。审过一段时间之后，他们看确实问不出什么，也可能他们从旁证的调查也印证了我的"供词"，也就不再审问我了。

除了审讯，我被从监狱里提出来，押到四中批斗了一次。这是四中的造反派组织的，地点是在四中对面北大医院的礼堂里。那天很冷，我穿着个军大衣。当时他们是想把我和我父亲同台批斗。我被押着，低着头时扭头看了一下，就放心了。那人不是我父亲，是教育部副部长雍文涛。有人记得我被押上车时，还回头笑了笑。他们说，孔丹真不是一般人物，遇到这事还笑得出来。从性格上讲，我基本上受我母亲的影响大，比较清高，有时候自负、骄傲。另一方面，我父亲久经锻炼，还掌管过很大权力，我觉得他比较圆通。我那时进监狱，极端愤慨，但还能坚持，这里面可能既有我母亲的清高，也有我父亲的韧性。

除了应付这些之外，到监狱后的最重要的事就是要适应环境。我是被关在北京半步桥第一监狱，关押我们的这个建筑叫梅花楼，六个筒状建筑伸出去，像梅花花瓣，看守在中间的接合部就是梅花的花心处监管。监狱里把牢房叫号子。一般犯人是关在大号里，我被特殊"优待"，关在单独一个人的小号。里面很冷，看守犯人的警察穿着棉衣，还要靠着一个煤球炉子取暖。而我们这一冬，从头年12月到次年3月开春都没有取暖设施，冷到让我写交代材料的墨水都冻住了。伙食就是一天八两粮食，上午两个大点的窝头，下午三个小窝头，一日两餐，没有菜，就是个白菜头放点儿清水做的汤。饥寒交迫，我用这个词形容监狱生活一点儿也不过分。最后大便都像羊粪蛋，吃下去的食物被肠胃充分吸收了。等到出监狱的时候，人都浮肿了。

后来大家都讲监狱的黑暗，我现在能回味到的就是生活条件很差，一个月六块钱伙食费。我出来以后让我去交24块钱的伙食费。我很守规矩，就去交了。后来我跟北京市公安局要求退我这24块钱，既然是冤假错案，你就必须给我退。这不能客气！他们还真退给我了。这是一个证明，证明你抓错了我了，怎么还能收我的钱。我这人较真儿，死较真儿。

如何应对监狱生活，是我在监狱里的一个主要内容。我发明了一种方式和楼下的女监通上气了。楼下那个牢房被关押的是师大女附中的郑中伟，我也不知道她是为什么被抓起来的，是什么罪。不过她知道我这个人，这样我们就聊上了。我说："我吃不饱，饿得受不了。"她说："我们吃不了，还能剩点。"我说："那我想想办法。"我就跟看守要求，说我要补衣服，要了针线。我把被子上的线都拆下来，拧成了粗一点的小线绳，再用手绢缝了个口袋。这样，一个吊袋就做好了。然后我和郑中伟约好，晚上八九点钟的时候，敲一敲墙板，算是一种信号，然后把吊袋从铁栅栏的窗口送下去，她把窝头装好我再拉上来。哦，那时感到幸福啊！饥寒交迫时，我就幻想着各种食物，所以人到了这种时候，考虑的已经不是各种政治压力了，生存是第一位的。

我们这个楼道里有 19 个号子，我住的是 19 号，20 号是茅号，就是厕所。有一次放风的时候，我捡了根钉子。墙上有一个走烟筒的窟窿，看样子过去牢房里是放过炉子的。窟窿已经被堵了，我就用这个钉子慢慢抠，终于钻了个孔。那些看守们没有想到，我可以通过与厕所之间墙上的这个孔，和监狱里其他 18 个号子保持密切的联系。我们用写检查的纸，写上交流的消息，再卷成细卷，从孔里穿过去。在各个号关押的人上茅号时，我们就用这种方式传递消息。后来因为"联动"问题被抓进来的人很多，在我周边的号子里都有。通过这种情报交流，我知道了董良翮、粟裕的儿子粟寒生，还有李井泉的儿子李明清等都被抓进来了。通过这种方式，我知道了外边的很多事情，比如"联动"反"中央文革"的事等。

我在狱里倒没有受到刑讯逼供，也没有受到身体上的直接残害。但我隔壁过去不远的一个号子里关着一个姓刘的工人，个子高高的。他的案情更冤，是因为没有留神，用有毛主席像的报纸糊窗户了，结果被作为"现行反革命"抓进来了。那天，他可能坐得累了，就在号子里站着。看守从窗户外边看到，就让他坐下。他这个人很倔，说："我就不愿意坐，怎么着吧。"不一会儿，看守带了四五个警察过来，打开门就把他拉出去打了一顿。从那之后，我就打定主意不和警察发生正面冲突，好汉不吃眼前亏，犯不着受这种皮肉之苦。

那时，也有监友被放出去，我就托他们带消息。我在监狱里曾经给我弟弟孔栋写了一两封信，类似"请你一定要做妈妈的思想工作，一定要想得通，一定要接受运动的考验"。我其实是在暗示，我希望母亲还活着。除了让出狱的人带信给我弟弟，还带过话。后来，我出来后问孔栋，他说根本没有任何的消息，无论是你的信，还是你带的话，都没收到过。那时因为饿呀，我还想过一个主意，想让孔栋给我送点盐进来。怎么送呢？我告诉他，先把牙膏从后面掏空了，放进盐，再把它从口上填上牙膏卷好，一般发现不了。我这招儿都想出来了，但是信没有给我带到，装盐的牙膏自然也没送进来。

为什么想要盐呢？我当时饿到把一碗菜汤兑上水冲上四五碗，喝了以后把肚子撑饱，所谓水饱，饥饿感就好一点。用水冲汤就是一个充饥的手段。可菜汤冲到后头就没有一点儿咸味儿了，所以我就想要点儿盐来，解决这个冲汤的问题。结果也没能实现。

我们这批人是在1967年4月22日晚上大概10点钟被释放的。那天，我们都被点名带出牢房。那阵势，感觉很恐怖，有的人声音都抖了。有的女孩儿小声说，是不是要枪毙咱们啊？我在里头算是年纪大的，我还说了一句：放心吧，没问题，绝不可能枪毙咱们，放心吧！我们往外走，走到一个操场，灯光很亮，停着几辆大轿车。本来我们还很有秩序的，后来稀里哗啦的就上了车。这百十来人分头上了几辆车，然后车就启动了。开着开着，一看，到了人民大会堂南门。我们下车就被带进去了。不知是哪个厅，里面都摆好了椅子。本来我跟董良翮走在一起，到里面就分开了，不知道谁都坐到哪里去了。

刚坐下来，周总理、陈伯达、康生、江青、关锋、戚本禹等，我能认得的大概就这几个人，都穿着军装，一下子就走进来了。他们坐在一排，刚坐下，还没正式开始呢，江青就说了一句："哪个是孔丹啊？站起来我看看。"她拉着个脸，阴阳怪气的。我就站起来了，也没什么表情。她看了看说："坐下吧。"然后总理就上来讲话。

总理讲话，大概开场就是这么说的：毛主席讲了，不要写什么检查了，放他们出去革命嘛。所以，你们有错误，也还是要出来继续革命，所以把你们都放出来。总理说到中间的时候，叫到了董良翮和我。我们俩"啪"一下就都站起来了。总理说："坐下，坐下，你们两个是我从小看着长大的，你们犯错误我也有责任！"有人回忆，后面还有一句是说："西纠"还是有功的。但我不记得了，而且我觉得当时总理说这样的话是不可能的，这不等于直接承认自己是"西纠"后台了吗？还有人回忆，说我当时就掉下了眼泪。我现在回想是没有，当时只是觉得总理那么讲，我心里面有点酸酸的，但是没有流泪。我不知道董良翮是不是有这个反应。

那天，康生也去了。因为历史原因，康生和我父亲的私交原来甚好，他对我更熟悉。总理、江青两次叫我起来时，他都看着我笑，但没有说话。这次接见的时间不长，总理就宣布散会了！

当时，我感到这件事很突然。事后听说，彭小蒙当时给毛主席写了一封血书。信中谈道，"联动"的牛皖平等人都是忠于毛主席的革命小将，不是反革命。他们只是对江青有意见而已，不应当将他们继续关押，因此强烈要求毛主席关注此事。这封信辗转送到了毛主席手里，毛做了批示。就是总理传达的：不要写什么检查了，放他们出去革命嘛。这才有了 4 月 22 日释放"联动"的事，我也因此而沾光。

出了人民大会堂，我就问旁边的看守："我们怎么走？"他就说："你们愿意现在离开也可以。"我说："号子里还有我的东西呢！"他说："有什么东西呀？"我说："有一管牙膏，一个洗衣皂，还有点杂物。那我还是回去吧。"他说："没关系，你可以回去，我们这儿有车接送。"

这是一个很特别的景象，我们出了大会堂南门后，多数人一哄而散，各自就走了。我呢，依然老老实实地上车，回去把我的东西收拾干净了，那里面还有我写的诗稿啊什么的。我都收拾好了，再出来。我印象中，他们是用车把我们回监狱的这些人送到靠近各自住所的地方。我就在地安门大街附近下的车，大概是在深夜里到家的。我一进门，把我弟弟吓了一跳。他说："你怎么半夜三更回来了？"我说，放了啊，然后就兴奋地给他描述晚上的会。然后，我说，别的不说了，家里有什么吃的东西赶紧拿出来。孔栋找出些花生、饼干之类，我就喊里咔嚓开始吃起来，才开始缓过点劲儿来。

我赶紧问孔栋："妈妈呢，怎么样了？"

他说："你不知道啊？"

我说："怎么啦？"

他说："你进去的那天晚上，妈妈就走了。"

我说："我离开医院的时候，她那呼吸变强了一点，面色稍微有点恢复了啊。"

孔栋说："人最后什么叫回光返照啊，就是那感觉。我也以为妈妈救过来了，其实也就是身体最后的努力挣扎吧，但一直没恢复知觉。就在你被抓的那天晚上走了。"

我说："后事怎么处理的？"

他说："国务院机关事务管理局来了个人，帮着一块处理一下，就拉到八宝山去了……"

我说："机关有没有关心家属一下啊？"

他说："没有。"

那我明白了，就是说国务院机关是把她自杀作为叛党行为来对待了。

《解放全人类》报

我出来一段时间后，学校里流传着一个说法——"孔丹雄心在，秦晓意未宁，三友挥笔动肝火，翻案舆论生"。这可能是对我们当时状况一种真实的写照。

在"文革"当中，我一直都是个喜欢做实事的人。刚出狱时，身体很虚弱，全身浮肿，每天搬个藤椅在院子里头晒太阳。到了五六月间吧，身体开始恢复了。按道理我从监狱里出来，就应该踏踏实实地休息了，但是我们确实是太不甘于寂寞了。我消停了没有三天，就又开始四处串联，热烈讨论，针对当时文化大革命运动出现的问题，力图发表我们的看法。由此，在1967年夏天，就和马凯、秦晓、李三友等人办起了《解放全人类》的铅印小报。

总理在释放我们那天晚上讲的那些话给我印象太深了，我理解有这么几层意思：一要承认错误；二要放下包袱；三要继续革命。这对我们搞《解放全人类》报肯定起到了推动作用。

这份报纸的创刊号是 1967 年 5 月 24 日出版的，一共出版了三期。我们当时认真得不得了，非常严肃地在探讨问题。特别是8 月 18 日第三期《历史与教训》的社论，我们用了两个半版面，试图对文化大革命以来的红卫兵运动进行分析和总结。今天看，我们当年写下的这些文章，依然是"文革"的思维模式，表现了对毛主席、对"文革"的尊崇，不过也对我们自身以及初期红卫兵存在的问题进行了一定的反思。对这些问题的认识，正确还是错误不要紧，它反映和表现的是当时我们的一个思想轨迹。

另一方面，办《解放全人类》报反映了我们当时的一种探索和追求。参加的人有我、马凯、秦晓、李三友，四个人都是党员，还有孔栋。王向荣基本没有参加这事，我们对林彪的异议也没有跟他很深地交流。当时我们写的几篇东西中，马凯写的是探讨无产阶级专政下继续革命的理论，我写的是一篇社论，"无产阶级只有解放全人类，才能最后解放自己"。这里面可以看到我们有一个倾向，比如在对联问题，在"红五类"、"黑五类"的问题上，我们有我们自己的思想。我们不赞同老红卫兵、高干子弟搞小团体，一小部分人自己去革命，我们必须团结大多数人一起。

第一期的社论是我写的。我在文章里提出：我们认为有必要在红卫兵内部全面展开整风运动，整顿思想，去掉不良作风。要通过整风，反对个人英雄主义、组织上的自由主义和宗派主义。提出以解放全人类作为我们的旗帜，这是我们的基本思想。这个时期，中央没有什么指示，我们却提出要搞什么整风，跟形势是格格不入的。当时，我们也开始读马列的书，30 本原著。学习原著和我们探讨无产阶级专政下继续革命是密切联系的，也是为了理解文化大革命的初衷。在一定意义上，读马克思、恩格斯的书，感觉是视野更开阔，跟只读毛主席著作大不一样。从马克思主义的经典中，可以看到外面很宽的天地，导师们也是有来有往的，有根源、有发展的。

当时我们写了三篇文章，来探讨无产阶级专政下继续革命的理论。我们一直是一个严肃的群体，不是一时冲动就去干什么的人。我们是想通过那种轰轰烈烈的文化大革命状态，找到里面根本的道理。但是，我们的父辈一下子成了"文革"和群众的对立面的人，说得再重一点，那就是敌人。这是我们不能接受的，受到很大的刺激。而这个事实产生的基础就是无产阶级专政下继续革命的理论，它比"文革"造反之类的表述要理论化，其依据就是共产党执政以后，党内还会出现修正主义，还会出现走资本主义道路的当权派，从基层到高层都有。我们对这个理论没有很透彻地理解，而且我们认为这跟社会现实也有矛盾。所以要探索，继续革命的理论是怎样一个体系？它是怎么提出来的？无产阶级专政的条件下为什么还要继续革命？从这个意义上说，我们是力求正统。而且，我们当时还有这样一种心态：不能以我们个人和家庭的境遇来否定和对抗文化大革命。《解放全人类》报很反映那时候我们的真诚，很真诚地在探索真理。

这中间还有一个插曲。由于我父母跟王震关系很好，我小时候和王军就经常在一起。他大我六岁，是老大哥，那时已经是海军军官了，在湖北造船厂做驻厂军代表。他们这些人在"文革"中都是很有想法的，很早就对林彪和"中央文革"有看法。他找到我说："你们办报，没钱我可以支持你们。但是有个前提，就是你们得反林彪。你们反林彪，我就给你们钱，支持你们办报纸。"因为办报，买纸、印刷都需要钱。我们就收了王军的200块钱。"文革"中反对"中央文革"、反对林彪，我们在思想上都是相通的。但是我对王军说："这件事儿，我们也不能按你说的那样做，要讲策略。"我们后来用这样一个方式来提出问题，就是"要警惕赫鲁晓夫式的野心家在我们党内"。仔细一读，可以品味到这里面暗含着一个逻辑上的推理。如果说赫鲁晓夫式的野心家——当时指的是"刘邓资产阶级司令部"，已经被揭露出来了，那么再提出警惕赫鲁晓夫式的野心家显然就另有所指了。

　　就是这句话，又让人家把我们给按住了。人家可以问我们：你们这么说是什么意思？是不是反对林副主席？因此，大约在1967年8月我们出版完第三期之后，四中的军宣队和造反派的学生组织就把我们几个抓起来了。那天，我正在李三友家的院子里摆上小桌下围棋，突然冲进来一大群人，是杨帆带队。他们原本是来抓李三友的，没想到我也在场。他可能看样板戏多了，一见我马上做了一个很滑稽的京剧亮相动作，大喊一声："大家不要动！……孔丹！你得跟我们走一趟。"我说："走就走呗。"他又喊了一句："李三友在哪儿？"三友就坐在边上，正低着头看棋，一抬头说："我在这儿呢。"杨帆说："一块儿走！"

　　不过这次比专政机关抓人的气派差远了，我们是跟他们坐公共汽车走的。一群人把我们带到了学校，然后关在了小院里。当然是分别隔离在不同的房间里。当时抓了我们四个人，秦晓、李三友、王向荣和我，宣布对我们实施群众专政。刘辉宣这时也被抓进去了，不过和我们不是一案。

这次被抓，我就把在半步桥监狱学到的手段用上了，所以大家后来说我有一定的监狱斗争经验。在四中我们被隔离审查的这段时间，首先是要统一口径。第一次启动是最要紧的，我先写了一个纸条，告诉大家我们交换情报的地点定在厕所的蹲坑的角上。然后，我把它搓成一个小纸团。准备好了之后，到吃饭的时候，有学生押着我们去食堂。我走在前面，就给三友使眼色，然后假装蹲下系鞋带儿，把纸团就搁在地下，还踩了一脚。学生到底比不了警察，没有发现这小动作。李三友走在我后面，他患小儿麻痹症，一拐一拐地走到那儿，也做个系鞋带的假动作，然后把纸团捡起来了。

我是这样给三友传的第一个消息，接着我给秦晓写了个条儿，也是写好联络方法和地点，然后借着去给他送西瓜的机会，递给他一半儿西瓜，顺手就把纸条塞在下面递给他了。最难的是与王向荣联络，他看着挺粗犷的，但有点胆小。给他传消息，他也不敢接，不敢和我们串通。没办法，我就直接找了合适的人给他带了话，就是：千万别胡说八道，涉及安危啊。那时候如果有多少其他错误，也不过是思想认识问题。但如果是反林彪，根据当时的《公安六条》，那就是现行反革命，死罪。这是非常危险的，是一个死线。抓我们的人，就是想要我们承认反"中央文革"、反江青、反林彪的行为，把我们定为反革命。而这些事情，我们确实都曾议论过。所以我要和他们串供，意思就是要提醒大家，千万要注意，说话不要过那条死线。

之后，我们就利用放风的时候、上厕所的时间，互通消息、串供。我们必须要通消息，这用来对付讯问非常有用。一个反江青，一个反林彪，这两个题目上他们应该没有发现很硬的材料。当时还不能叫审讯，就是和我们谈话。他们问：你们是不是反对江青，对江青有意见？我们说：当然没有，她是无产阶级革命家、文化革命的旗手嘛，我们怎么会反对她呢？不可能！我印象当中他们还问：你们的报纸为什么写赫鲁晓夫式的野心家？你们指的是谁呀？我们回答：我们评论赫鲁晓夫就是说他对斯大林无耻吹捧。这是从总结历史经验教训的角度看问题，当斯大林在世时，他非常恭维、尊崇，但在斯大林身后就否定，就刨坟掘墓、抛骨扬灰。所以说赫鲁晓夫式的阴谋家，是始终要警惕的。我们死死咬住，文章是从这个角度来说的。

　　学校把我们关了有四十多天吧，也确定不了我们有什么反革命罪行，就把我们放了。这次出来以后，一直到1968年底，我就没参加过什么实质性的活动了。因为这一轮下来，就逼得我不得不超脱了，难以再有那种活跃的心态了。我们在办《解放全人类》报的时候，还经常批评"逍遥派"没理想、混日子，后来我也成了地地道道的"逍遥派"了。现在回忆起来，那也是一段愉快的"逍遥派"的生活。

　　有一次我们约几个朋友，骑着自行车出发，从北京往张家口走。在公路上，遇到大卡车，我们就抓着车帮滑行，很惬意。我们沿路骑到官厅水库，怎么过去呢？绕路去到张家口就太远了，于是我们就借了两条船，把自行车和随身物品放在船上，把船划到对岸。我游泳水平比较高，自恃水性好，然后再叫上一个哥们儿，把船划回来还了。两个人再游泳横渡官厅水库过去和大家会合。这在我的经历中是非常刺激的一次，有那种逢山开路、遇水搭桥的感觉。后来我们又跑到天津汉沽的渔村去，住在村里头，跟着渔船去出海打鱼，我记得还带上了彭真的小儿子傅亮。那段时间，我过的是比较超脱、比较逍遥快活的日子。

陕北的"受苦人"

上山下乡是我们那代人的大多数无法躲避的宿命。我是1969年2月到陕北的，在陕西延安专区延长县安沟公社高家川大队插队。在那里，我一直待到1972年底。

我这人经常活得很累，但经常是身不由己。我那时就是去插队，想去什么地方也没有选择的余地。1968年底，毛主席发表了上山下乡的最高指示，去农村插队已经是大势所趋。在此前后，我是有这么几个想法：一个是跟孔栋一块去山西，哥儿俩嘛，一个学校的，在一块儿也很自然。可军宣队不同意，就是不行。二是想跟秦晓、李三友他们去内蒙古，学校还是不同意，不批准。最后，是和初中同班的韩松，再搭上其他班的同学，有刘建党、马伟博、蔡丹江等，一共是13个男生，一起去了陕北。到那边，有个女校，36中的九个女生，和我们分在一个队里。而且，我后来才知道，北京送知青的干部和延安专区做了专门交代，延安专区又跟县里管理知青的人打过招呼：对孔丹，是要特殊加以注意的。

我和孔栋一走，我们家从北京就拔了根了。我们没有家了，按过去说法就是流离失所了。我记得火车离开北京的瞬间，车上哭成一片。我当时一滴眼泪都没掉，反而有一种无可留恋的感觉。我这时已经觉着我走到哪儿都行，怎么样的活法都能活下去。我也一点没有什么到农村去，接受再教育、扎根一辈子的那种激情。心情比较黯淡，感觉也许人生就这样了，走到哪里算哪里。可以说，非常的平淡。可能是因为我跟其他同龄人比较，被折磨、被冲击啊，说麻木不太准确，但是对很多新事物已然没有很强烈的感觉了。我觉得换个地方挺好，到农村也就是一个新生活的开始吧。

到了陕北之后，汽车把我们送到延长县城。队里派了人来接我们，因为走山路要近一点，第二天我们就步行翻山到队里去，一路翻了两座山，大概走了四五个小时。那次印象很深，刚到农村就尝到爬山的滋味，看着老乡是一步一摇地走，他们不着慌，速度很稳定。我们这些城里来的学生，嫌人家走得慢，紧跑慢跑的，结果最后还跟不上人家。

延长县靠着延河，从延安下来一百五十多里到延长县。高家川在延河支流的一道沟里面，从县城走土路到队里是三十多里，翻山走是二十多里。我们去的第一年，国家一个月给44斤原粮，实际上是根本不够吃饱的。生火做饭就得打柴，打柴要走出五六里地，都是毛刺柴，那种带刺的灌木丛。

那时候的农民很实在，也很热情，给我们准备的土窑洞，一个窑里住四个人的也有，五个人的也有。我可能在那一片的知青里边是最快本地化的，我觉得本地化对我来说既是生存需要，也是一种情趣。所以我先是很快学会了陕北话，说得也算是地道。穿衣戴帽也都是陕北老乡的样子。比如说在县城里头，头上扎着白羊肚手巾，穿着土布衣服，穿着当地老乡给做的鞋，那种底和帮都很硬的鞋，再晒得黑一点就看不出与老乡有什么区别了。当地人说："三夹不如一棉，三棉不如腰间一缠"，所以冬天再扎上根棉线编的腰带，完全是当地人的样子了。我这人性格比较江湖化，平时跟老乡连说带逗。老乡们也对我很好，他们知道我父亲有问题关起来了，母亲不在世了。他们说，这娃儿也怪可怜的，所以常常帮我纫个被子啊，补个衣服啊，等等。

到农村就得好好干农活，头一年我就表现出我能干活，农活很快就学会了。所以，第一年我就能拿十分的工分了。[1]春天就是种玉米、高粱、谷子、糜子、荞麦等秋庄稼。入夏就开始锄地，钻在庄稼地里又闷又热。接着是收冬小麦，割了麦子以后，把它打成捆。我们用那两头尖的扁担，用扁担的一头叉上一捆，举起来，然后用另一头再叉上一捆，两捆麦子就挑起来了。那时候我印象很深，有的知青挑麦子哆哆嗦嗦的，我就学着当地人很潇洒的那种感觉，麦担两头儿一颤悠，走起路来带点弹性，那感觉，爽！走一走，再"啪"地一换肩，五六里路悠着就回来了。

夏收后先是上山耕地，因为中午太热，牛没劲儿，所以我们都是半夜三更地起来赶着牛上山。耕过地后再种麦子，把麦种和

---

[1]　当时人民公社实行记工分制度，男性全劳力每天记十个工分，陕北的知识青年刚到农村时普遍是从六到八分开始记工。——编撰者注

羊粪搅在一起，前面一人拿个镢头刨坑儿，后边那人抓着那混着羊粪的麦种，踩着那窝窝，一把一把地扔到坑里。这种播种方式，陕北叫"抓粪"。这和在平原上种麦子，那个景象差得太远了。平原上的麦子是一垄一垄的，陕北山上种麦子是一簇一簇的，这种方式主要是因为土地太贫瘠，有限的肥料只能和麦种搅在一起播种。

很明显，老乡们不久就觉着：孔丹这娃儿是个好娃儿！像个受苦人。[①] 而且，我跟他们能交流，抽烟就是从那时学起的。老乡那烟锅子，装上那老旱烟，那劲儿特足。然后，把那烟嘴在大襟上抹抹，就杵到你嘴里了。我抽的那第一口，呛得差点没晕过去……

后来那几年，我一直都是陕北人的打扮，晒得黑乎乎的。很实在地说，我还是挺享受那段时光的，很单纯。也没有觉得怎么艰苦了，怎么难过了，没有这感觉；也绝不像电视剧《血色浪漫》里那些孩子正事儿干得不多，整天净是邪门歪道、打架斗殴的。在延安，我也听说过别的村里有这样的知青，但我们村里的其他知青，都还是很实在地干活。我的感觉，我们没有那种所谓理想主义的追求，什么和贫下中农结合啦，什么要锻炼自己啦，什么灵魂深处改造世界观了……我没有。我的心态——我就是一农民，我要生存。

那段时间，生产队的各种劳动，各种技能，包括打草、起羊圈，我都干。有一次起羊圈时，我差点儿被砸死。我们干到一半

---

① 陕北话，陕北农民的自称。——编撰者注

的时候从窑洞出来打歇儿，结果那个窑洞就突然塌了，要不是赶上打歇儿，估计就没命了。到陕北的第二年，因为干活太玩命，得了大叶性肺炎，吐了血；愈后体力很差，脚部也感染了。队里分配活儿的时候，我一般的活计干不了。那时，队里有块西瓜地，就在村口的坟地里。往年都是派两个人去看瓜，两人等于队里一天要给 20 个工分。我说："你给我 12 个工分，我一个人就行。"队长说："你行吗？"我说："没问题！"

那瓜地里头有棵树，我吊了根绳子，弄个板子，就睡在那里。白天的生活多惬意啊，吃瓜随便，拍开了就吃。晚上弄个油灯，还弄点书看，看累了，把灯吹了就睡了。老乡怕我害怕，有次他们带了一条狗来，拿链子把它拴在树上。谁知，第二天那狗把那链子挣断了，跑了。那坟地不知什么时候还刨出个碑来，那碑上说，这棵树上吊死过人。我说："吊死就吊死过吧，没啥了不起的。"老乡说："孔丹，你的胆子也太大了。"

我们那儿种荞麦，夏秋之交开花时，紫色的秆，粉色的花，漫山遍野连成一片，还是很漂亮的。我们知青有时弄点野菜啊，还养个猪啊。我第一次杀猪时，第一刀没捅到心脏上，结果猪挣脱以后到处跑，我们一群人在后边追猪。那猪跑得特快，弄得我们狼狈不堪。不过想到有肉吃了，这些都不算回事，感觉好极了。这是那种艰苦生活中一些短暂的欢乐。

穷 旅 游

插队的生活就这么一天天地过来了，我觉得很自然，但不是所谓的田园生活。因为首先是要吃饱肚子，要应付生活。但是相对来讲，下乡对我来说还是很好的一段回忆。

这一方面，秦晓、三友他们在内蒙古牧区插队，可以说生活比我们更丰富，也比我们更富裕。我们始终有一个吃饱吃不饱的问题。说老实话，到那份儿上，一般知青家里也有点后援吧。我没有后援，没有这个条件。到陕北后的第一年，我挣了有三四十块钱。这年冬天，我回了一次北京，来回火车票就得40元，还有十多元的汽车票，根本买不起，一路全靠搭便车、混火车。想想看，插队回趟北京，有多么不容易啊。回到北京，我已经是无家可归、没地方住了，按北京话说，那就得靠"刷夜"。到朋友家住啊，今天住这儿，明天住那儿。那时我最好的朋友之一叫张浩云，四中老高二的，父亲在二机部工作。那时他家住在三里河那儿，我刷夜最主要的地方就在那儿。还有就是在一起插队的蔡丹江家里住了好久，他家在铁道部宿舍。

插队第三年即 1971 年的冬天，秦晓、李三友、冯江华、路书奇他们四个在内蒙古插队的，加上我和孔栋六个人，利用农闲时间到南方"旅游"了一次。我们按照一个人 150 块钱的预算，预算包括：车票、住店、吃饭、抽烟等。我和孔栋兄弟俩穷，没钱。但他们几个内蒙古插队的有点资金实力，我们俩这 300 块钱就由他们承担了。冬天歇工后，我们先回到北京，然后从北京出发。那时候很多知青坐火车都不买票，我们采取了一个折中办法。我们只买了三张到鹰潭的火车票，三个人先走，在鹰潭之前的小站下车，赶快把那三张票寄回北京。因为那时火车票六天内到达有效，还没过期。另外那三个人再买站台票进去，拿着火车票出站。大家在鹰潭会合，就这样开始了我们的旅行。

我们第一站是井冈山。在井冈山时，虽然已是冬天，我记得是在 1971 年 12 月 31 日，我们还跳到清澈寒冽的深潭里面游了泳。我们又陆续去了庐山、黄山、苏州、杭州，一路玩下来。最后结算，一个人花了 100 块钱，还结余了 50 块。我们一路抽的烟是"浦江"牌的，两毛二一包。我们当中，路书奇不抽烟，而我那时候烟瘾大，他和我是一对儿，他那份烟就归我了。那一路上苦中作乐，十分享受，拍了很多照片，那是非常美好的一段经历。

那次我们去游历之前，林彪已经倒台了。这跟我们最初对林彪的感觉是一致的。我们有一种解放了的感觉，所以才能够成行，否则还是会感到很压抑的。

那次出行还遇到一件有意思的事儿。我们到黄山以后，住进招待所，要了三个床位，进去了六个人。那时候黄山冬天游人也不多，那些警察没事儿干，就把我们盯上了。那时候图省钱啊，晚上我们两个人挤一张床睡觉。我们刚躺下不久，警察突然就敲门进来了，把我们带出去审讯。据说，这时的各级政府把知青视为盲流，各地经常发生这样的事情。

他们把我们六个人分开，每个人都单独审讯。问我们是干什么的？什么背景？怎么来的？来干什么？审我的那个人好像就是他们公安局的头儿，抽的是中华烟。因为我只能抽劣质烟，对好烟很敏感，印象很深。我当时突然想到了点儿什么，"啪"地一拍桌子，说："你还审我们？你们这儿满山都还是林彪的语录，你一条都没涂掉。林彪可是叛逃了，机毁人亡了，你知道吗？"他一下子脸就白了，说："这个，这个，我们是传达了……"我说："你还审我们呢？就你这事儿，就够抓起来当反革命，你知道吗？"当时他就被吓坏了，赶紧给我递中华烟。我拿着中华烟，一边抽着还一边指点着说他……

那时候住店得有证件啊。因为"文革"中王震曾经被下放到江西的抚州红星农场一段时间，有个老大哥王兴跟着他去了那里。所以我们这次出来时，就从农场开了个介绍信。他们拿我们这介绍信验证了一下，发现不是假的。那个头儿可能怕我们去告他，为表示友好，又替我们开了个黄山公安分局的介绍信。拿着公安局的介绍信，我们一路就更畅通了。那段时期，感觉特别好。林彪垮台了，党内气氛相对宽松一点儿，社会上也宽松一点儿了。这次穷旅游至今回忆起来还是如此畅快淋漓。

窑洞里的日子

　　我对插队生活的回忆，觉得那是我生活中一个比较平稳的阶段，是实实在在的，没有那么多精神上的压力。在这个意义上，离开北京这个环境，对我可能是种解脱，这或许跟很多别的知青的感觉不一样。而且我跟村里的老乡很容易沟通，关系很融洽，他们很喜欢我。我这人性格比较放得开，给他们唱歌啊，包括外国民歌200首，这些老乡从来没听过。他们给我起了个外号，叫"金嗓子"，我也经常给他们露两手。晚上跟老乡去耕地，学陕北的信天游。说起这信天游，我现在还可以唱一段串烧，《兰花花》、《走西口》、《打横山》、《三十里铺》等串起来唱，都是那时候直接跟老乡学的歌，到现在都记得很清楚。

　　我这人是性格使然，有时还爱和老乡较劲。有次说起喝酒，我说我一口气能喝半斤！有个老乡说："孔丹，你说瞎话。"我说："不是瞎话，不信可以试一下，要是我喝下去了，你要给我三条烟。"说着说着就急了，我们俩就一块儿奔着距村口五里路的公社去了，一路上还吵着闹着的。公社那儿有个供销社，我拿着个带铁锈的大茶缸子说："地瓜烧，要半斤！"人家就给倒上了。我站在那儿，一口气半斤就下去了，当时特得意。赢了三条烟呢，什么感觉啊！带着酒劲，拿着赢的三条烟，就那六分钱一包的经济烟，俩人吵着闹着又回去了。这样的故事不少，非常朴实，就是普通农民实在的日子。

我这个人爱干净，我们那个窑洞，不管它怎么破旧，窑洞里我总是扫得干干净净的，弄一个石板，地上栽两个树杈子，横着架上够结实的粗树枝，一头打在土墙里头，把石板搭上。这样，晚上大家就能读书了，当时的消费就是买煤油。我们那时读各种能找到的书，大多是从北京带来的书。另外，我当时就觉得应该继续进修学业，因为中学的全部课程我已经学完了，所以就找了当时理工科大学的普通化学、普通物理、高等数学等教科书，就是大学的基础课教材吧。除了这些之外，学语言是我的一个偏好，学着玩儿，觉着很有兴味。后来又学了好几种外语，在俄语、英语以外，还学起日语来了，甚至德语课本我也学过。后来回北京后又学过法语，成为我读研究生时的第二外语。那是一种比较有节奏的生活，冬天除了一些水利工程类的活儿，基本上没有太多地里的活儿了，如果不回北京，就有时间好好看点书了。

那个时候读的那些书，也记不得都哪儿找来的。我读过一本讲美国农庄生产方式的书，印象挺深。介绍他们采取的集约式的生产方式，效率很高。人在农村待着，静极思动，脑子闲不住还是要想事儿。当时我们农村的生产方式，经过1962年的调整，三级所有，队为基础。应该说已经没有了原来吃食堂那种大锅饭的现象了，各家吃各家的。但一个大队里边，还是一起出工一起收工，经常开社员会。干多干少一个样，劳动生产力极其低下，这是另一种形式的大锅饭。我记得那时候陕北的麦子，亩产能有个一百三四十斤，就是好收成了。要是碰上什么灾荒，也就是个二三十斤或三五十斤，甚至绝收。赶上这样的年景，粮食钱都挣不出来了，工分就更不值钱了。

后来我就写了一篇关于农村问题的文章，对当时中国农村的生产方式提出一些疑问，到底什么样的方式更有效。那份东西不是调查报告，而是我对农村的一个思考提纲，也有一定篇幅。我觉得是受到介绍美国农庄那本书里生产方式论述的影响，所以对我们生产的组织方式，应该怎么改进，提出一些想法。当然，没有像后来经济体制改革和农村生产责任制那么深的思考。只不过说明，即使在穷乡僻壤，我还是保持着学习的习惯，大脑还是保持一种思考的状态。学文化，学知识，学理论，包括读黑格尔的著述。所以，习近平同志在上海市委书记任上接见我们中信的常振明时还说："你们那孔丹，当年在陕北窑洞里还读黑格尔呢！"

插队时还碰上有一次整党，上面派了工作组下来。工作组听说我是党员，来找我谈话。我说："对不起，我还是预备党员。"我是1965年入的党，到今天还没转正呢，你们能帮上忙吗？他们就帮着打听了一下，后来说他们解决不了这个。村里有几个老乡要发展入党，材料都找我帮他们写。后来，他们都入党了，我还没转正呢。那个工作组组长也是很有意思的一个人，他觉得我是大地方来的，就问我："是大将官大呢，还是元帅官大呢？"

我就逗他："当然是大将大了，比元帅大呢！"那时，我记着他教大家唱那《整党歌》，什么"一个人有静脉动脉"、"吐故纳新"啦。我们还要组织政治学习，念报纸，我们就故意念成："外交部长姬鹏……飞到机场迎接……"穷开心，挺有意思。

我在陕北四年，没有觉得很漫长，就这么过去了。

我看上山下乡

在农村的这一段生活，是人生的一种体验，现在来说是接地气吧。虽然我们在学生时代也跟农民接触，但是下乡四年，我是活生生的，作为他们当中的一员来了解农民是怎么生活的。

上山下乡这件事，是前无古人后无来者的。老三届里面，老高中、老初中这么一个群体，而且是有能量的群体，如果恢复正常的教育秩序，怎么处理？我想，它是不是就是一种出于就业的考虑？或者当权者就认为这些闹事的人，让他们通通下乡吧。这也是毛主席能做得出来的事儿，他的权威性和实践能力是毋庸置疑的。对上山下乡运动，中央做这个决定有没有经过政治局会议？经过了高层的什么决断？今天看，我估计可能就是毛主席一句话。为什么会走这一步，我觉得依照毛主席对农村的了解，一把就把我们全都甩到农村去了。他具备这个条件，也有这个能力。你们搞什么事啊？到农村去搞吧，我觉得他是有这种想法的。把闹事的学生们赶到农村去，一举就控制了混乱局面的发展。

现在找它的动因：是解决经济问题？看不太出来。我们去了以后，生生给那些相对还比较落后的、有限的农村生产能力增加了一个沉重的负担。插队下去有一千七百多万人，可增加的生产能力没有1700万人的附加值吧？我觉得谈不上。村里该种多少地，还种这么多地；该打多少粮食，还是这么多粮食。我们村就这么点资源，一个村加起来还没两百人，我们去了一下加了22口人，增加了百分之十。就比如说出去打柴，我刚去的时候走五里路就能打着柴了，我离开的时候，一定要走七八里路才能看见柴草。这不明显的是一种资源掠夺吗？人来了这么多，没增加什么新的生产力。

这是特定的历史条件下，特定的一个阶段里面发生的事情，而这个事情又产生了一些特定的作用。这个事儿，它既是毛泽东这个特殊历史人物在特定历史环境下推动的事件，又是一个"自然的历史过程"。说它是一个"自然的历史过程"，是因为上山下乡这个运动我们能避免吗？我们有机会选择吗？

无论如何，这是我们这一代人独特的经历。有一种理解，上山下乡对于个人来说，它属于一种历练，是对人性格的锻造。日本人曾经把聂卫平的棋风称为"文革"棋。你照规矩来，他不照规矩走，乱战。他就是有这种能力，逼得整个日本的超一流选手碰到聂卫平就头疼；畏惧他坚韧顽强的棋风，出其不意的怪招。不管怎么讲，中日围棋擂台赛，聂卫平连任数届中国队主将，屡屡力挽狂澜，为中国队蝉联三届擂主立下大功。他的出现，使中国围棋翻身了，功不可没。这种风格是不是和他的"文革"经历、六年上山下乡的磨炼有关呢？

再比如说我自己，插队对我的性格、意志、品质，还有跟老百姓沟通的能力都是有锻炼的。以前我们没有这种沟通，太学生腔了，人家也没法和你沟通。我们这代人后来形成的这种沟通能力，我觉得在下乡历练中是得到了实际的提升的；还有对人民疾苦的直观感觉。特别对一些高层领导来说，他们经过了这种历练，也成为了他们的一种财富，甚至成为从政的一些很正面的影响因素，包括意志、品质、性格、接触农民、跟农民的沟通，总之就是接了地气儿。从一个哲理角度说，这对很多个人来说是"天将降大任于斯人也，必先苦其心志，劳其筋骨，饿其体肤，空乏其身，行拂乱其所为，所以动心忍性，增益其所不能"。

农村这几年给我留下点儿什么？我觉得应该这么说：比较艰难的生活对意志品质是一种锤炼。从我的家庭环境来讲，作为高干子弟，虽然我们从小没有什么过于优越的生活，但客观讲毕竟是有一些特定的生活内容。举个简单的例子，比如说北戴河，我父亲每年都会去的，他办公时，我们兄弟俩就跟过去，普通人是没这个条件的。三年困难时期，虽然白薯面也好，榆钱儿也好，槐花也好，我们都吃过，但远不是那个时期最窘迫、最困难的人群。包括"文革"中，我们家里被关的关，死的死，但那时我一个月还有15块钱生活费，还能隔一段时间改善一下伙食，吃个炒饼什么呢。比起那些更艰难的家庭，可能还要好些。从整体来讲，从一生下来到今天，应该说生活最困苦的一段还是在农村，那是一个经年累月的过程。

直接跟老百姓生活在一起，你就能很直观地看到生活的不平等、命运的不平等。这个感觉到我离开陕北时特别明显：他们永远留在那块土地上。一个农民，一辈子就是盼着吃饱饭、娶个媳妇、生个儿子、挣副棺材板，就这样过来了，这就是他的一生啊！因为环境比较艰苦，他们的寿命也比较短。他们直接跟我表达的生活理念，受苦人活一辈子就是这个样子。他们的欢乐，他们的悲伤，就拴在这么大的一个天地里。听听他们唱的歌，你就感觉出来，他们就是在这样一个生活基础上经历着所谓欢乐啊、痛苦啊。这种不平等在今天都是我们必须面对和改进的。

我们下乡，一下子面对的就是社会最底层的，甚至在中国农民里头最苦的一群人。这个也是很难得的，这才是对人民的了解、对中国国情的了解。现在看，我插队的那些地方，其实都应当移民出来，不能再那样生活，对人、对生态、对环境都不好。严重的水土流失，把那山削得全剩下贫瘠的黄土，没有植被。再加上放羊，就说那梢林吧，①我离开的时候就已经消退了。

后来，我在中信集团时，按照中央的要求和安排到云南扶贫，我们开汽车沿山路走，从红河地区开车三四个小时还到不了那个扶贫点。我们扶贫干点什么事儿呢？我们拿钱给他们硬化道路，就是修水泥路、建厕所、建公共的小学校。但是那些孩子们的生活、学习状态，还是处在很低、很艰苦的水平。我在想，这种状况如果任其自然发展下去，这群人永远没有力量从这个社会的底层走出来。孩子们基本上没有上学的机会，基本上没有通过高考这样一个哪怕是千军万马走独木桥的机会走出来，那他们怎么改变自己的命运呢？所以，通过下乡，我当时对那种不平等的感觉很强烈，真是感到了生为一个陕北农民的命运有多么宿命式的无助。

———————————

① 陕北话，指灌木丛和次生林。—— 编撰者注

我在村里关系最好的一家人姓高，他家里有三个娃，大娃、二娃和三娃。大娃是一脸的苦相，二娃、三娃的形象也还都在我脑子里头呢。我记得很清楚，后来三娃娶了个米脂婆姨，长得很俊秀，所谓"米脂婆姨绥德汉"嘛。女方家就嫌这里太穷，拉着个脸，要不是没饭吃，怎么会嫁到高家川，简直就是没盼头。所以说要跟农民沟通，先决条件是你和人家要处在一个阶层，那时我们做到了。今天虽然身处另外一个阶层，但我们的那种感受、那种沟通是不可磨灭的，而且会带给你动力。我的思想里，依然认可共产党的宗旨。这些不平等我们都解决不好，人民还是那样的生活，我们怎么对得起人民呢？

我觉得这是我实实在在的心态，可能我们党的队伍已经有相当数量的人早就忘记了这样的宗旨了，他奋斗的目标已经不是原来的了。但我还是这个想法，小平同志还讲共同富裕呢，财富的分配还得调节，这既是经济学处理公平和效率关系的重大主题之一，也是中国历史发展的要求。反过来说，这也是执政党生存的基础。所以，在农村的经历不仅对我们是一种锻炼，还加深了和人民之间的感情。

当年，知青的政治地位在一定意义上还不如农民，你是受再教育的，这个政治身份是不同的，所以对相当多的知青而言，那是一种精神摧残。另外，我的有些病就是那时候留下的根。我现在有慢性阻塞性肺病，就是当时感冒、咳嗽，无药医治就忍着，时间长了就慢慢留下个病根来。我在农村还得过大叶性肺炎，吐过血。好多人什么肝病、肾病、腰肌劳损等，也都是这段时期造成的，这是真实的。因为那时农村的生活条件跟现在不能比。

在陕北，好多女知青实在是顶不住艰苦的劳动强度了，我们村里有一个插队女生就嫁给当地人了。为什么？很简单，实在是受不了了。每天爬七八里山路去干活，再七八里路下来。上山怎么吃饭？麦子和羊粪混着，抓得满手都是粘的。送饭上山来时，我们就是含口水，小口吐到手上，把手搓一搓，就这手，拿着冷的酸玉米团子就吃了，还吃不饱。有人后来问我，说这怎么行啊？我说，这怎么不行啊？陕北农民就这么活的！好多人当时就受不了了，确实受不了，这我很能理解。所以，人的生存空间在很底层、很有限的情况下，革命浪漫主义也解决不了问题。

当然，我觉得我这四年吧，还是一个在一定条件下，把负面转化成正面的过程，这么说可能比较客观。无论怎么样，我觉得下乡的那段生活对我来讲，劳动是艰苦的，生活是艰难的；好在政治上还是平稳的，而且还能思考些问题。在那个时期，我也尽我所能去努力获取一定的知识和一定的思想积累。我们当时读书是跟农村的现实生活脱离的。傍晚下工后，吃完了饭，剩下就是自己安排了。天黑得早也好晚也好，冬天也好夏天也好，我们那个窑洞永远是几个人往那一坐，大家把书拿出来就开始读。我们并不是像有些革命家那样有远大志向，什么去改造社会、改造国家，没有。只是觉得读书是我们的一种天然需要。插队时期我确实读了一些书，但凡能找到的书都读，黄皮书是文学类的，灰皮书是各种政治性的，像《托洛茨基评传》、德热拉斯的《新阶级》等，都是那时候读的。我是31岁开始读硕士研究生的，还是没上过任何大学的硕士研究生，但是对人生来讲，毕竟那是一个断层。这个事情应该是一个反常的状态，或者说这是社会进步的一个过重的成本代价。

电视剧《血色浪漫》播了之后，有些年轻人跟我说："哎哟，孔总，我们都羡慕你们啊，你看你们那会儿过得多浪漫啊！"我说："这有点扯淡吧。"要说起来，这简直是一群不懂事儿的小孩子，把上山下乡看成是浪荡江湖了。

"文革"的几年中，"积压在校的1966届、1967届、1968届初中和高中毕业生达四百多万人。如此众多的毕业生的分配成为刻不容缓的严重社会问题。1968年12月，毛泽东发出'知识青年到农村去，接受贫下中农的再教育，很有必要'的号召，全国立即掀起知识青年上山下乡的高潮。这个运动被宣传为具有'反修防修'、'缩小三大差别'的重大政治意义。各地在很短的时间里，不顾具体条件把大批知识青年下放到农村、生产建设兵团或农场"。①

随着文化大革命被彻底否定，从历史的作用讲，彻底否定上山下乡，这应该成为人们的共识。但是，我们否定上山下乡运动，并不需要以一种完全悲情的心态对待。如果以个人的进退来评判它则又是另一回事儿，这和每个人的不同道路和处境有关，取决于人们能否把负面因素转化成正面的财富。现在这个问题人们还是经常争论，如中央电视台播出梁晓声的《知青》又引发了大规模的争论。即使我们原来四中高三（5）班的同学聚会上，这也是争论的话题之一。我看这将来也是一个题目，既然要研究

---

① 中共中央党史研究室：《中国共产党历史》，第2卷，第818、819页。中共党史出版社，2011年。

"文革"历史，那么这一代人的个性里面，和其他群体的差异，是不是上山下乡造成的？这些差异有正面的，那有没有负面的？负面的是局限于他们个人呢，还是对社会而言的？

虽然上山下乡对很多人是悲惨的，把许多人起码的正常生活轨道全部打乱了，从而一生的命运被改变。如果在一定条件下，负面的东西转化不成正面的，你的人生、你的生活、你的负累就成了必然。比如像云南有一帮知青跟当地人生的小孩子到上海去寻根的事，看着就很悲惨。陕北也有不少啊，和老乡结婚了，有的有孩子了，有的后来就离异了。

但是，"上千万的知识青年到农村和边疆，经受了锻炼，接触了生产实践，增长了才干，为开发、振兴祖国的不发达地区作出了贡献。后来，他们中间也出现了一批国家建设人才"①。

---

① 中共中央党史研究室：《中国共产党历史》，第 2 卷，第 818、819 页。中共党史出版社，2011 年。

回到北京

　　我插了四年队，回到了北京。怎么回来的呢？ 1972 年，听说可以探视我父亲了。我和孔栋就琢磨，我们俩得回来一个人，照顾我父亲。我们哥儿俩为此还互相谦让了半天。后来我们去探视仍被关押中的父亲时，我父亲说："那就孔丹回来吧。孔丹的办法多一些，认识人多一些，写东西好一点；你先回来再想办法救我出去。"

　　后来我们有个机会，见到原来周总理的秘书浦寿昌，那时他任北京外语学院院长。我说："我想给总理写封信，我和孔栋得回来一个照顾我父亲，这么多年了，一直没有渠道。"他说："好，你就写吧，我最近有一个机会，总理要来视察开会，我给你转达。"随后，我的信周总理批了，总理办公室直接发信到陕西省委。结果一路绿灯，给我办了手续回北京。

　　我回北京没地方住，就住在原来照顾我姥姥的保姆家，我们都叫她李大娘。当时抄家时，造反派把我家里人都赶出去了。我姥姥没人管，就被李大娘接走了。李大娘家在魏公村，那里当时还是农村，是个里外间的土房，我很长时间就住在那里，直到后来跟中央调查部要了国际关系学院里一个筒子楼的一间房子，我才搬出去。

我这次回来的目的就是为了救老爹。1972年底我回到北京，1973年主要做的事情就是争取让我父亲早点出来。在探监的时候，尽管在有人看守的情况下，父亲还是给我面授机宜。他要我向两个人反映情况，一个是周总理，一个是康生。说到康生时，他说，你一定要给他写信，因为解铃还须系铃人。

前面说了，我父亲在苏联时就和康生关系很好，可是我父亲被江青点名关押后，我不知道康生是如何表态的。在九大召开前，确定对第八届中央委员会成员的处理方案时，我曾听说有一个整人的名单，康生在名单旁边一个个加以注释。康生在我父亲孔原的名字旁边写下：叛徒、特务，里通外国，口气非常之狠。叛徒是怎么回事儿呢？因为我父亲作为工人纠察队参加了南昌起义。南昌起义枪响了，好几个人都钻到桌子底下去了。他说，我还算勇敢的，还站在那里，没钻到桌子底下去。后来起义队伍失败，往潮汕地区走，半路上被打散了，我父亲曾经被军阀的部队扣了两天。这件事在他的档案中，他自己已经写明白了。但后来对这种事情很严格，要审查清楚是否投敌叛变了。他说，没有，我们说自己是老百姓，后来就跑掉了。所谓特务，是件说不清楚的事儿。什么叫特务？他本来就是做情报工作的啊。所谓里通外国，可能说的是跟苏联的情报工作关系。

所以，我父亲叮嘱我，解铃还须系铃人。这话我记得非常清楚，所以我就将同样内容的信写了两封，一封给总理，一封给康生。这两封信都送到了，两个人看后都有批示。我的理由是我父亲的健康情况很差，希望能保外就医。总理批的意思是说：由于身体的原因，孔原可以先治疗，同时继续审查。也许是由于康生此时已经患了癌症，心态可能有些不同了。他的批示直截了当，很明确：解除孔原监护，入院治疗。

父亲在1967年就进监狱了。他一直监禁在单间，长期没有人交流，出来时说话都不利索了。进监狱那年他60岁，出来已经67岁了。在康生患癌症快去世的时候，我父亲曾带着我到他在钓鱼台的住所去看过他。康生那时已经说不了话了，人很瘦，脸却是虚肿的。我父亲对他说："康生同志，我感谢你，我儿子给你写信，你批了以后，把我解脱了，非常感谢。你好好养病吧。"我父亲说了这个话后，康生眼睛里还真泛起了泪光。我父亲心里太明白了。从康生那里出来后，他说："唉，人之将死，其言也善。"我立刻跟了一句："他已经说不出话来了。"

1973年10月1日，我父亲出狱就被直接送到了阜外医院。那一天正好也是王洪文当了中共中央副主席的日子，外面正在广播——"中共中央副主席王洪文……"高音喇叭的声音至今我还记得特别清楚。因为是解除了监护的继续审查，所以父亲在阜外医院住了一段以后，就搬到张自忠路铁狮子胡同甲5号。那个院子曾住过苏联专家，后来专家撤了。我们就住在专家曾住过的小楼里面。在这个院子里，还有一个很规整的四合院，房子也比较大。那是北洋时期外长顾维钧的府邸，孙中山在北京病危直至去世就在那里住。我们也在那里面住了一段时间。终于，我们又有家了。

父亲出狱后，我就急于要有份工作。我找了街道，他们要把我分配到一个街道工厂。但是我父亲不同意，他很明确地说："你现在不能上班，你要照顾我。你也不要觉得有什么不合适的，照顾我也是革命工作嘛。"我知道他当时还是很想回到调查部工作，比如说安排个顾问之类的名义。但是，当时有关的领导都不热心让他回去。他感觉很委屈，就有些想法，曾对我说："我关在里面的时候，可没有讲过一句对他们不利的话，可现在他们都不接受我。"我说："哎，老爷子，他们也是形势使然。你做到了不讲他们的事情，这是对的。不过人家现在这样做，也是一个正常的反应。"

1975 年夏天，王震曾要我去给他做秘书。王震当时是国务院办事组副组长，相当于副总理。因为我经常去他家聊聊天，政治倾向都很明白。那时，原来的秘书伍绍祖要离开，王震要我去接他的班。这样，我在王震那里待了差不多有三个月的时间，每天跟上班一样。去了第一件事，就是帮他把书柜的文件整理好，然后跟他出门或出差。有两件事情我记得很清楚。一件事是去北京郊区考察腐殖酸氨肥料。他努力做的事情就是如何发展生产，因此对腐殖酸氨肥料兴致勃勃。他还是个爱学习的人，为此除了读米丘林，还读威廉士的土壤学。还有一件事是他带着我父亲和我，去了一次胶东半岛，到山东的青岛、威海、烟台一带，考察黄金矿。根据这次考察了解的情况，后来他推动成立了武警的黄金部队。我当时已经处于一种秘书的工作状态了，但后来国务院办公厅不批准，说因为对我父亲的审查还没有正式定论。因为这个原因，我没去成，由张爱萍的儿子张品去接任伍绍祖，当了王震的秘书。

这样，我回北京的头两年就没有工作，一直是照顾我父亲的饮食起居，确实尽到了做儿子的责任。到 1975 年，小平同志主政那一段，我父亲就把想要重新工作的愿望向小平同志报告了，还希望把对他的审查做个结论。伍修权当时是副总参谋长兼总参二部部长，他欢迎我父亲去工作。这样，我父亲 1975 年 11 月就到总参二部担任了政委。因为他原来是中央五个部之一的正部长，总参二部则是军级建制，这个安排方式对他来说虽然有一点委屈，可那时已经开始了"反击右倾翻案风"，小平同志能够给父亲安排工作，已经是难得之举了。父亲非常感激，欣然上任。后来，部队也给他按副总长的待遇，安排了秘书、司机、警卫员、公务员，部队的待遇比起地方来还是好多了。至此，我照顾他的职责解脱了，就开始找工作。

本来我还想去街道工厂，这时父亲问我："你对什么有兴趣？"我经历了多年的"文革"之后，一直想通过学习理论，把这个党、这个国家的曲折遭遇搞清楚，把自己的人生活明白。所以我说："我对理论有兴趣。"他就找了很熟悉的老朋友宋一平，宋那时是中国科学院哲学社会科学部的负责人，他把我分配在经济研究所当资料员。我父亲说："我也就这么点能力帮你，说起来你也就是个中学生，能给你个资料员干，不容易了。"我说："做个资料员很好。有这么个机会能继续学习，再好不过了。"我不认为我是那种靠关系、走后门的人，但这一次还真算走了个后门。

我是 1965 年 7 月 1 日入党，但是转正是 1975 年，十年以后的事了。我是自己找到北京市委组织部的，当时那里是李立功负责。我母亲有个挚友叫李曾颉，是吴德的夫人。李曾颉和李立功蛮熟的，于是她介绍我去找李立功。我直接去办公室找李立功，他很耐心地听了我的表述，说这件事我们争取把它解决好。

1975 年，对我们这个家庭来讲是很重要的一年。这一年，我父亲重新工作了，我的工作解决了，我的党员也转正了。当时孔栋还在山西雁北地区插队，这年也转到了江西老家，在南昌附近插队，条件也好些了。

我在经济研究所，拿了平生第一次工资，月薪 38 块钱。38 块钱在手，我觉得很富足了，那些大学生也就是 56 块钱的工资。在所里，我跟孙冶方是一个党支部，这也让我感到很荣幸。

上班还没几天，就赶上周总理去世。1976 年发生了很多重大事件，那是中国当代历史上一个重要的龙年。"反击右倾翻案风"后期，我父亲思想上就准备"二进宫"了。他认为如果继续这样搞下去的话，这种可能性很大。这期间，我们都不敢在屋子里说话了，是在院子里边散步边谈这些事儿的，防备那些人会用很多手段，包括监听来搞我们。我们议论到，如果再这样搞下去，只有采取最特殊的手段来解决问题了。我后来听到的，王震就曾经用手势向叶帅表达了这个意思。他大拇指朝上，再朝下，说"只有这样"。当时总理去世，邓小平又被批，大家在党内高层的期望没有了，感到没有真正的主心骨了。

1976 年"四五"的时候纪念总理，我多次去天安门，抄录诗歌标语，回来跟我父亲汇报情况。那时经济研究所按上级要求，公布了纪律，不准去天安门广场。我还是偷偷到广场看演讲，抄了些诗词，回来跟父亲他们议论，大家都感到已经是天怒人怨了。像我父亲这样的高级干部当时和天安门广场群众的感觉是一样的，脉搏也是一样的。"四五运动"就是要和文化大革命决裂，它表达出人民群众已经不能再接受"文革"的这种方式了。没有"四五运动"作为推动力，我觉得抓捕"四人帮"的正义性、合法性都是一个很大的问题。"四五运动"让人们了解了精神和力量的对比，了解了人心所向。

朱老总去世后，我父亲就对我做了嘱托。他说，江青恨你妈妈，所以她非搞死你妈妈不可。如果他们再来搞我们的话，我可能没有机会跑，目标太大。你呢，这次一定要跑掉！不能再进监狱，再也不要落到上一次那种境遇。再进监狱，你活着出来的可能性就很小了。当时，这些老干部对形势的估计是很严峻的，认为江青一伙儿什么事情都干得出来。我们都知道讲纪律，但首先是要考虑生存。那一时期，很多老干部家里都在各自开家庭会议。当时就是这种想法，斗争形势已经到这个份儿了。

但后来这个事情来了个急转弯，峰回路转。应该是1976年10月7日，抓"四人帮"的事就向部队高级干部传达了。那天我父亲回来，抱着我就亲了一下。我说："啊！？怎么啦？"他说："喝酒，拿酒来！拿酒来！"我说："怎么了，出什么大事儿啦？"我其实已经猜了个八九不离十。他说："喝酒！那几个人抓起来了！"我问："哪几个人啊？"我父亲说："数数哪几个？""江青……"我说，"主席夫人也能抓？"他说："抓了！还有张春桥、王洪文、姚文元。这帮坏蛋都抓起来了。"那一刻，我们兴奋到极点了。

邓小平曾说，没有毛泽东我们至今可能还在黑暗中摸索。那么，没有华国锋主持打倒"四人帮"，那又会怎么样？虽然陈云同志指出过，这只能是特殊情况下处理问题的形式。但是斗争到了一个生死存亡的时候，没有这个转折，中国历史可能真要重写了。我觉得这是种行之有效的方式，是非常时期的非常举措，是不得已而为之，是一个代价最小的、效率最高的方式。如果把"四人帮"的理论形态，加上政治权力，加上残酷斗争那一套，真的实行下去，中国会怎么样？一种结果就是崩溃；一种结果就是分裂，武装斗争。以我父亲他们那种思想状态，只要毛主席不在了，那大家就反了。打倒"四人帮"是一个伟大的事件，因为批判的武器代替不了武器的批判。

今天看"文革"

针对"文革",中央后来发表了《关于建国以来党的若干历史问题的决议》,从文化大革命的整体上,从发动到它的整个过程都是加以否定的。

从根本上否定"文革",对红卫兵运动也就顺理成章地要否定。"文革"的大背景是一条"左"的路线,毛主席发动它就是错误的。其中有没有积极的东西?动机好不好?我觉得历史重要的不是考虑动机,而是你真正做了什么,它在历史上的作用是什么?现在回头看更清楚了,就是整个这十年是一个历史的反动。对于红卫兵,不管其中哪一派,什么中学的老红卫兵、"四三"派、"四四"派,什么大学的"一司"、"二司"、"三司",工人里面的各种工总司,其实都是在这样一个大背景下产生的。从中国历史发展来看,能有这么大的一个动能,把几亿人卷入进去,在里面经历血与火的历练或摧残折磨,是不可能被现代青年人和后来人理解的。中国怎么会出现那么一个现象,没有亲身经历的人真的不知道，更不会理解。如果从"伤痕文学"的角度看，它是一个很悲惨的历程。但是，通过文学作品解决不了对这个问题的理性认识，还是无法理解，所以要研究和了解那个大背景。

毛主席很厉害，讲话很具鼓动性，他把当时的中央当成对立面，极大地激发了群众投身运动的狂热性。"文革"发展成上下结合、广泛的群众运动，高干子弟起了什么作用？他们也就是在初期，半年都不到的时间里，发挥了雷管的作用。他们所受的教育、家庭的影响、政治的敏感性，他们得到消息的灵便，这些人的革命激情，这种种因素加在一起，让他们成了最适合的历史角色。

在这个大背景里面，"西纠"只是很短暂的一瞬。它曾经发出了一点声音，有一点回响，但它引人注目的程度却远远超出了它的实际存在。因为它发出的，是那个大背景下一点不和谐的声音，曾经是那个大潮流中的一点反抗。另外，它实际上是党内高层斗争的一个反映。实际上，红卫兵也好，北大的聂元梓的大字报也好，在那个大背景下，不管是自发的还是授意的，事实上都成为中央党内斗争的工具了。"西纠"也是一样的。

在这期间，我们这些人有健康的东西，但很幼稚；有向上的东西，也很激进；有错误的东西，而且虔诚。我们曾经是红卫兵领袖，对文化大革命的作用应当有一个最基本的认识，那就是要彻底否定所谓的红卫兵运动。作为一个当时如火如荼的群众运动，实际上它是文化大革命的一个组成部分。所以，不应该以我们个人在当时是否有真诚、健康向上的心理，有想为国家为社会做事的出发点，就还要对红卫兵运动在评价上有所保留，对它有正面肯定。我相信这是我们这些过来人应该持有的看法。

　　而且，我觉得对我们的错误更不应该仅仅从表面现象上来否定，虽然这也是必须的。表面现象的否定就是诸如这些问题——你是不是不应该批评校党委呀？是不是对同学采取了不公正的态度？有没有打过人啊？是不是到社会上参与了破"四旧"等一些过激的行为？我觉得我们对"文革"应该有更深刻的反省，看到毛主席作为党的最高领袖，以他个人的思想左右了党的路线，向着阶级斗争为纲这样的方向发展。新中国成立以后，他是一步一步的，从反右，到反右倾，到"四清"，到文化大革命，这样发展过来的。即使在文化大革命带来的后果已经被全国从上到下普遍抵制的时候，他依然坚持他的无产阶级专政下继续革命理论，坚持他对党内各种不同意见的压制，只要与他的这一套相悖，就都是反动的，都是阶级敌人。

　　对"文革"更深刻的反省，应当是像小平同志所说的，建立防止"文革"重演的制度。这是我们这些当年走过来的一代人所应具有的共识，是对"文革"更深层次的反省。

　　在"文革"当中，既有一个主流，就是毛主席在推动的，按照无产阶级专政下继续革命的想法在展开。另外，也有不同人的不同角色，各人有各人的表现和表演。从个人的角度，我当时的认识是什么样的呢？把这些记录下来对今后人们研究"文革"或许有些帮助。

　　首先从毛主席说起，我对他还是有信仰的。毛主席那么伟大的一个人物，从中国实际出发，解决了夺取政权的问题。在学习苏联的过程中，产生了批判苏联计划经济的一些想法，提出《论十大关系》。当中国有机会在正确的轨道上进步时，他转弯了。
他认为，中国革命并没有因为取得政权而结束，从国际上对苏联
的论战，到国内他认为也存在着两个司令部，还批评了什么八级
工资制等，后来就形成了无产阶级专政下继续革命这样一套理
论。但我们依然相信他的洞察力，认为他是站在人民的立场上，
站在这样一个高度提出中国革命怎么继续往前走。所以我们从思
想上还是努力想跟上他，这在当时很明确，没有动摇怀疑。

　　平心而论，我对文化大革命的目的所指知觉得比较早。我觉
得文化大革命绝不是冲着学校党委、党支部书记这个层面的人来
的。绝对不是！主席的讲话已经一次次地指向党内高层，认为存
在一个势力，无产阶级专政下的继续革命存在着一个对象，后来
总结出叫"走资本主义道路的当权派"。1966 年 9 月 13 日的《红
旗》杂志提出了"打倒走资本主义道路的当权派"；[1] 还有少奇
同志的排名，从第二降为第八；中央常委从七常委变成 11 常委，
这些现象都不同寻常。看到这些，还会认为这仅仅和学校的党
委、党支部书记有关吗？这还仅仅是一场文化教育领域内的路线
斗争吗？这还是"文化"大革命吗？

　　这些大概是"西纠"这件事的基本背景。为什么叫我们"保
爹保妈派"呢？人家说，革命革到他们父母的头上，他们就转变
了革命的立场，开始跟群众运动对立了。这个运动是冲着谁来
了？原来说是冲着党内少数有问题的干部，后来我们很快就感觉

---

[1]　"走资本主义道路的当权派"的提法，最早源于 1965 年 1 月中共中央《农村社会主义
教育运动中目前提出的一些问题》（简称二十三条），后见于《五一六通知》；此提法
普遍引起人们重视是在 1966 年 9 月 13 日的《红旗》杂志之后。——编撰者注

不对了，"文革"是冲着党的骨干——整个干部队伍来的。

文化大革命中，可以说毛主席采取的那些做法是必然的。他是非要搞不可，而且他非要用这种方式解决问题。是不是必须要用这种方式解决党内矛盾呀？他完全可以在党内开会来解决呀，开中央全会嘛，说明自己的观点嘛，不行！他非要把这场运动搞成这样。无产阶级专政下继续革命嘛，那就一定是一场轰轰烈烈的、你死我活的大革命。只是后来出现了大量群众之间的斗争，甚至大规模武斗。社会真乱了、失控了，我看这是毛主席始料未及的。这时，他才往回收，用军管才控制了局面。这时，我们还是对毛主席存有信仰之心。

后来我们下乡，到农村去。实际上毛主席在农村问题上，从1962 年七千人大会以后，把人民公社体制调整为"三级所有、队为基础"，一直都在调整，这种调整一点点接近农村实际。在农村时，我们也会遇到一些具体的问题，但还只是在一个个具体问题上去研究、去探讨。没有涉及整个农村体制，也没有直接怀疑到毛泽东的权威性和正确性，可以说远没有到怀疑的地步。

特别是我们这一些人不愿意以个人、家庭在"文革"中的境遇，影响到我们对毛主席的看法，以及对其理论的判定，是把它分开的。我们事实上是把江青、"中央文革"与毛主席分开来看待的，认为他们不是一回事儿。在当年，不仅我个人有这种想法，我看这也是很多老干部的想法，正是这种想法支撑着"文革"中老干部们的精神。大家认为，江青是江青，主席是主席。我们有危难，我们要找主席，而不是找江青。有几个人说，江青，你救救我们？没有！所以说，在"文革"中期之前，要说对

"文革"有抵触情绪是没错的，但是从内心对毛主席的信仰没有产生根本性的动摇。

江青呢，就是另外一个问题了。在我们这拨人的心目中，江青始终得不到一种真正的尊重。她的做派，她的随心所欲、情绪化，让我在心里始终对她有一个直接的反感和对抗。1966年12月16日，她在工人体育场点了我父母的名，直接导致我们家破人亡。事实就是，她个人的一句话，当时就有这么大的力量，就把我们这个完整的家摧毁了。我母亲是不是就应该受到这样的惩罚呢？我父亲是不是就应该受到这样的对待呢？我从内心深处是不能接受的，所以内心就很矛盾了。毛主席高高在上，大家把他当成神一样，那江青的所作所为是毛主席的意思吗？符合毛主席的政策吗？至少在表面上，毛主席对干部政策，什么给出路啊……讲过好多话。对我们这种"走资派"的后代也有说法——"可教育好的子女"、"可教育的后代"等等。但是，到了江青那儿，我们就只有死路一条了，家庭也是这样。我至今还是觉得，江青这个人真是中国历史上一个特殊的现象。

还有对"中央文革"这些人，我们心里肯定是对抗的，在"西纠"时其实就是对抗的，"联动"则是直接公开地挑着旗对抗。"联动"这段，我在监狱里没赶上，要是赶上了，我会不会参加也不知道，有可能人家会拉我参加，就凭你在学生里面的影响，你就得上呗。

林彪呢，他从开始就是一个比较直截了当的形象，是毛主席的副统帅，但他的行为还是引起了我们一种怀疑。为什么王军能对我说："你们反林彪，我就给你们钱办报。"为什么能这么直接谈论这个问题？就因为我们对林彪是有看法的，以前交流过。这事儿当时的确够悬的，1967年在四中我"二进宫"的时候，最担心的一个是江青的事儿，一个就是林彪的事儿。其实，对林彪，当时我们脑子里就是有所怀疑，不是那么信服吧，这样说可能更准确一点儿。而对江青那就是直接对抗，二者之间还是有区别的。

　　总理呢，简直就是我们的希望。我们遇到了那么大的危机，遇到了那么大的问题，我就觉得，总理在我心中，在我们一大批人的心目中，就是期待。而且我们相信，跟总理的沟通，如果能得到他的关心，那直接也就能够得到毛主席的关心。我一直是这样一个想法。不说别的，总理在人民大会堂接见我们时说的那段话：毛主席讲了，你们呢，不要再关在里面了，有错误呢，也还是要出来，继续去革命，所以把你们都放出来……而且，总理他还是敢承担责任的，他肩膀还是硬的，他那两句话是怎么说的呢："董良翮、孔丹，你们有错误，我也有责任"；什么意思呢，就是教育你们不够嘛。总理就是这个意思，我们很受感动。

　　后来，有些老同志对总理在"文革"中的一些做法有意见。在我看来，总理的做法是可以理解的。还是那句话，没有周总理，可能老同志们的基本状况就会更加艰难，"文革"的进程就可能拖不到十年，也许三年五年就崩溃了，也许血雨腥风更早来临。我想，应该公正地对待总理，因为总理在保护老同志方面，这个功劳是历史性的。他采用了很多迂回的方式，比如对我父亲他们这一群人用的是"监护"，把他们关进了卫戍区了。如果当时不这样做，而是放在外边，保不齐被哪个造反派拳脚相加，被打死的几率还是很大的。

康生是一个能量非常大的人。他在中国共产党发展历史上，有没有过贡献？比如说情报工作上的贡献？我想也是有的。但他的手段也很厉害，在确立毛主席在七大上的权威地位方面，他起了很大作用。对他来说，"整风"就是整人，这大家都知道，他永远都是毛主席在最需要的时候拿出来的撒手锏。

文化大革命中，党内既有相对稳定的力量，也有后来在中间变化的。谢富治的立场和表现就很典型，他属于后来被"四人帮"拉过去的。

对于"刘邓"，"文革"中他们被定性为与毛主席对立的司令部。我对少奇同志很崇敬，小时候也见过他。当时除了毛主席的著作以外，《论共产党员的修养》是我经常学习的经典。我入党时的观念就是要做党的驯服工具，然后自己还加了一个"奋发有为"的修饰词，就是还得有点能动性。《论共产党员的修养》对我思想上的影响还是非常大的，包括传承孔孟之道啊，修齐治平，就是修身、齐家、治国、平天下里面的思想，包括"慎独"等。

我在监狱里面被学校提出来开批判大会那一次，全场喊口号："打倒刘少奇！"这对我来讲很突然，我没有举手跟着喊。事后他们质问我：好你个孔丹，怎么喊口号你不举手？我说：唉，这得按中央要求啊，得有文件才行。中央没有明确说刘少奇要打倒啊，他还是常委嘛。中央还没有文件，这口号能随便喊吗？我的脑子就是这么想事儿的。当时我还把脖子一挺，说：

"你斗我，我也不能举手。"我就认这个死理儿。我后来想，这是不是因为我对少奇同志有这个感情？

对于"文革"的亲历者，特别是在不同阶段比较活跃的人们，回忆"文革"往事的同时，更要紧的是做出深刻的反思。"没有文化大革命，就没有改革开放"，我有一次对邓朴方这样提起我对"文革"的反思。他马上应道："我们老爷子就是这样说的。"我很欣慰邓小平这样伟大领袖的心与我这样一个普通党员的心是相通的。在一定意义上，历史的逻辑就是从反面展开，再返回到正面，再生发出来。中国没有百年来被列强打压至积贫积弱，就没有民族复兴的历史长卷展开。没有对其他各种道路的痛苦体验和幻灭，历史和人民就不会选择中国共产党。没有"左倾"路线带来的红区百分之九十五、白区近乎百分之百的惨痛损失，就没有毛泽东的正确路线的确立。没有文化大革命十年浩劫给全党全国从高层领导到广大人民群众带来的冲击和反思，就不可能有比较坚定地回到曾经被极大偏离的实事求是的思想路线上来，就没有邓小平同志提出并推动的改革开放，就不会有中国的今天，更不会有中国的未来。没有文化大革命，就不会让我们抛弃思想、政治、经济、文化上的种种会将我们引入歧途的各种主义和主张。历史就是这样把一场空前的民族灾难转化成了伟大的民族复兴。

跨越本科

打倒"四人帮"以后，否定文化大革命这个问题，从民间到中央，以各种方式汇集起来形成一种趋势了。但是华国锋当时没有看清这种民情和历史的趋向，还是坚持"两个凡是"，这和后来的思想解放就形成了直接冲突。

在打倒"四人帮"的行动中，耿飚曾负责控制中央电视台等舆论媒体。到了1976年底，耿飚同志受命成立了中央宣传口，实际是恢复原来的中宣部。宣传口的组长是耿飚，成员有新华社的朱穆之、《人民日报》的胡绩伟、中办副主任李鑫，还有王殊等五人。因为原来"四人帮"那个理论班底的人都不能用了，他们就希望找一些政治上可靠的青年人去做具体工作。耿飚通过他的儿子，也是我的同学耿志远给我打招呼，说他们现在需要工作人员，听说孔丹不错，希望我过去工作。我其实没有和耿飚直接接触过。我同意后，就从经济所调到中央宣传口办公室当了秘书。从1977年1月到1978年夏投考硕士研究生这一年多，我就在中央宣传口的办公室工作，办公地点是在钓鱼台的 17 号楼，是里面最大的一栋楼。

我印象中，宣传口对舆论的控制很严密，包括《人民日报》、《红旗》杂志的重要社论，新华社的重要消息，我们办公室都要开会记录，传达指令。这段时间我一边工作，一边还保持着对"文革"的反思。过去，我们曾经力图正面地去探讨理解无产阶级专政下继续革命的理论，它的理论体系、它的表述、它的实践等。现在政治形势完全倒过来了，那么，又怎么去看待这一理论？但是从当时中央宣传口来看，主要的控制方向是不能否定毛主席，要维持"两个凡是"，这在中央宣传口的文件中是很明确的。

后来，耿飚调任国防部长，我没有应邀跟随他去做秘书。这时，中央宣传部已经恢复，我继续留在中宣部办公室工作，部长换成了原湖南省委书记张平化，我也经常跟他出门、出差。

这时候社会上发生了一件改变许多人命运的大事，这件事甚至改变着中国社会几十年的发展方向，那就是恢复高考。这是个历史的转折。虽然当年我们四中高三（5）班和女一中高三（1）班一起倡议过要废除高考，但当时我就抱有极大的遗憾，似乎是英雄无用武之地了。因为，学生是十年磨一剑，当年我要考哪个大学都不会有问题嘛！所以，1977 年恢复高考后，我心里就一直在琢磨这事儿。但因为工作事务缠身，错过了第一次高考的机会。转年，正琢磨参加高考的事，经济所的吴敬琏给我带来个话儿。他说，我要招收第一批硕士研究生，孔丹如果愿意，可以以同等学力来投考。他同时还说明，他不能够给予考前辅导，导师必须回避。

为什么吴敬琏会看上我，是因为我在经济所工作过一段时间，他有所了解。当时，我也有机会参加一些研究经济理论的小型研讨、座谈。人家都是经济学家、研究员、副研究员，而我是个资料员。我知道自己的身份，每次都坐在角落里。可这也不妨碍我有时发表一些对经济理论问题的看法。我都记不太清楚当时我谈过些什么了，但可能给吴敬琏留下的印象不错。他对别人说，我觉得孔丹还是很有理论思考能力的，素质不错。所以我受到了这次召唤，在我人生的历史上也来了一次跨越。咱就不上大学了，直接考研究生。

我白天要上班，干活。晚上我就不回家，住在办公室准备功课，也叫复习吧。考试一共是五门课，有《资本论》，还有政治经济学、政治、外语、西方经济学史。《资本论》很晦涩，里面有很多黑格尔式的哲学表述。好在学《资本论》，我有长期积累，不然是不可能很快上路的。那时我每天睡眠三四个小时，非常刻苦。

我们是1978年7月考试，这是国家恢复高考后的第一届研究生招生。不巧的是，在我复习的过程中，可能是太累了，我每天都胃痛，很不舒服。我就用手肘顶着，坚持着学习和工作。刚考完试，有一天在钓鱼台的办公室里上班，我突然就痛得满地打滚。我同屋的人马上叫人找车，把我送到了最近的复兴医院。医生诊断是十二指肠穿孔，是胃酸进入了腹腔，医生就开始准备手术了。我当时腹部那感觉就像用刀扎了一样疼，到医院已经说不出话来了。我就写下我父亲的电话号码，让他们帮我打电话。我父亲来了一看，马上把中国顶级的专家吴蔚然请来了。吴蔚然到了就问我："什么时候穿孔的？"我说："大约下午五点多钟。"他说："那你属于饭前穿孔，情况还好一点，这样没有很多脏东西进入腹腔，主要是胃酸。"他又敲了敲我的肚子，说："噢，板状胃。你是因为疼痛，身体有个反应，肌肉绷紧，所以敲起来像木板一样。这是一个正常的反应。我看这样吧，先给你试一试保守疗法，如果效果不好，就要抓紧手术。"

复兴医院那边已经准备手术了，因为这病如果不尽快手术，搞不好就会引发弥漫性腹膜炎。我在陕北农村时，有人得这病因为得不到及时治疗就这么死了。吴蔚然是大专家，他说保守疗法，就听他的。我心里也希望保守疗法。虽然我的考试成绩还没出来，可是我对自己很有信心。马上就要发榜、面试、入学体检了，我要是动个大手术，伤口怎么恢复啊？没法参加体检了啊！现在，好像入学体检不是那么严格了，当时要是体检不成，没什么通融的，这学就上不成了。

吴蔚然说："保守治疗要六七天。"我说："我能忍。"这样就给我插了胃管，每天抽胃液，黄绿色的，每天还输液。我比较能扛，在农村没医没药都过来了。这样，我就熬了六七天，穿孔居然就弥合了。保守疗法解决问题了，我至今也没开过刀，传统说法叫身体没漏过气。

这次考吴老师的硕士研究生，据说全国有三百多人报考，第一名叫沈水根，我考了第二名。后来又有面试，一道道过了关，吴敬琏最后就收了我们两个做他的硕士研究生。事后才知道，其实那次我很悬，因为政治课我才考了 61 分，差点没及格。政治竟然只考了 61 分，我自己都不相信。说老实话，我这人比较自负，心想：政治课还要准备嘛？都在脑子里边搁着呢。所以就没怎么下功夫，而考卷上很多当时的语言、时事什么的，还真没答对，因为脑子里都没有。就差两分，要是 59 分就取消资格了。要是因为政治不及格没考上，那可就给中宣部丢人了。当时，我自我感觉最不好的是英语，翻译部分有点难度，我本以为分数能高点，实际考了八十多分吧。

当时中国社科院研究生院的院长是温济泽，搞新闻出身。研究生院实际还没有个落脚的地方，就借了北京师范大学的宿舍，四个人一屋。吴老师正好住在师范大学里面，往来非常方便，我们学习中有什么问题就去请教。我考上硕士研究生这件事，就刺激了我周边的这些同学。第二年，马凯和李三友都报考了硕士研究生，马凯读了中国人民大学的经济学硕士研究生，李三友读的是法律。再下一年，是秦晓，他原来是工农兵学员，后来考了矿业学院经济管理的硕士研究生。四中这些同学之间就是这种效应，你努力我也努力，你成功我也要成功，互相激励，各自争先。

这一年我们家又出了事。1978 年，我同父异母的哥哥陈模那年才 45 岁，因为心肌梗塞就在我们家里突然去世了。那时，我们家的生活状况刚刚改善，与伍修权共同住在一个大院里。我父亲住在前楼，我哥哥一家住后楼。当时，他就在家里犯病了，我来来回回跑，也没能抢救过来。我哥哥原来是搞核潜艇的，"文革"前是个海军上尉。他原来就有高血压，"文革"时期挨斗，站在椅子上被人一踢，摔下来，他被整得很惨，落下了病根。他走了，全家都很伤心。我父亲是老年丧子；那年我嫂子40岁，是中年丧夫；一个儿子十岁，一个女儿八岁，是幼年丧父。在感慨中，我父亲对我说："'文革'中李井泉家死了好几个人，我们家只死了两个人。跟他们比，我们家也还算过得去……"我父亲他老人家怎么会这么想问题？怎么会用这种话来宽慰自己？听起来，简直是伤心欲绝！

我一下子就想到李井泉的儿子李明清当年跟我一起关在监狱里的情境。他圆圆的脸，很和气的一个人。后来，他先被释放出去了。他走的时候，我跟他说："你给我弟弟带个话儿……"他说："你放心，我出去就给你弟弟带话儿，也希望你早点出来。"他举手向我打个招呼，就走了。可是很快得知，他一出去就被北京航空学院的造反派打死了，与我顿隔生死两重天。他母亲叫肖里，与我母亲一样，也是自杀的。

这一年还发生了一件大事，就是中共十一届三中全会。自从插队以后，我距离中国的社会政治生活相当远，没有机会实际参与，也看不到那些内幕。现在看一些回忆录、文章讲到党内的斗争，里面很多事情是没听说过的。那时，过段时间知道林彪完蛋了，再过一段，又是批周公、批邓了，以及主席又有什么新指示发表了。但是，从到中央宣传口工作后，我就又贴近了政治生活。此后因为去读书，又中断了。但我这个读书是在北京，读的专业是政治经济学，所以离中央当时的思想斗争还是很贴近的。

十一届三中全会召开在即，我父亲要准备发言，对我说："儿子，你帮我搞个发言提纲。"这时党内正经历着一场思想风暴，就是要彻底地清算文化大革命。这遇到很多阻力，遇到一些人在认识观念上的抵触。这次会议，实际上是一个互相的呼应和配合，就是要对"两个凡是"群起而攻之，呼应小平同志号召和推动的解放思想。我父亲是六大的中央候补委员，七大他是大后方代表团的副团长，叶剑英是团长。八大他还是中央候补委员，九大、十大他都关在监狱里受审查，后来又是十一大的中央委员。做一个有分量的发言是他应尽的责任，也会有一定呼应的作用。

经历过"四人帮"的迫害，我父亲他们深受其害，对"文革"中极"左"的政治路线和思想路线那一套，深恶痛绝。而且我们这个家庭和全国人民一样，受到文化大革命的深切伤害，我们也从中切身地进行了反思。因为越是认真的而不是敷衍的，越是严肃的而不是应景的去"理解"毛主席的无产阶级专政下继续革命理论，也就是传统阶级斗争理论的新发展，就越是痛感对其深刻批判的重要性。"文革"后，我父亲也在不断反思，我看到，他们那一代的思想也在变化进步。从我们父子间的思想互动来看，我们都会坚定站在解放思想这一边的，政治上肯定会坚定地站在小平同志这一边。所以，我帮他搞这个发言提纲是有交流、有基础的。我给他写了个大概八千字的提纲。会后，陈丕显见到我问："你爸爸的发言是不是你给他写的稿子？"我说："我帮他记录了一下。"他说："我看不像是你爸爸自己写的，很系统嘛。"

我在读硕士研究生过程中，也间接地经历了中国这次思想解放的转折和飞跃。我是学经济学的，那时西方经济学还是作为学术的参考，但是我们已经开始去沟通，改革这个概念已经开始进入我们的脑海。这个大转折是小平同志的实事求是的思想路线带来的结果。

　　我是吴老师的开门弟子，他对我一直很器重。我觉得他的两个学生中，他对我更偏爱一点。当时选专题、选研究方向，是吴老师帮我决定的。他说，我现在了解，国外有一种研究方法叫比较研究；你有英语基础，你朝这个方向去做点努力。我欣然接受。现在中信出版社有个杂志叫《比较》，就是做比较经济制度、比较经济发展研究的。我做的课题就是比较经济制度。这是一个专门的领域，当时中国还没有人做这方面研究。我查阅了很多英文的文献，有几十本吧。其中包括东欧的改革派学者的一些著作，如捷克改革经济学家奥塔·锡克、波兰经济学家布鲁斯等。不夸张地说，在中国的比较经济制度的初创人中，我也该算一个，同时期的还有赵人伟和荣敬本。根据我的研究方向，我的论文题目就是"社会主义经济模式初探"。

　　我在这篇论文里面，着重谈到了计划和市场的关系，提出了所谓混合所有制的概念。我的硕士毕业论文当时还有些很新颖的观点，已经准备在《经济研究》上发表。《经济研究》算是国内一个很有分量的学术期刊，编辑让我把六万字的论文压缩成一万多字。正准备刊登的时候，党内高层对中国经济制度的定性上出现了不同意见。《经济研究》觉得我的论文偏市场化，和中央的倾向性不太吻合，就压住了没有发表。如果当时我发表了这篇东西，有可能就会顺着理论研究的方向发展下去了，成为一个经济学家的机会还有，但是时机不对，没有实现。

为劲夫同志做秘书

1981 年我研究生毕业，获得经济学硕士学位，分配到经济研究所当助理研究员。月工资从 38 块钱一下子变成 62 块钱了，涨了四级，感觉特别好。吴敬琏老师希望我再出国深造一下。当时正好有个机会，福特基金会资助一批中国学者到美国做一年期的访问学者，给 8000 美元的生活费。为此我就开始进行强化英语的学习。我们到北京第二外国语学院，那时的英语强化班设在那里。我很荣幸，那一批访问学者中，包括董辅礽、吴敬琏、刘国光等，也去强化英语了，都在一个宿舍里面住。不管他们各自的理论观点有何差别，但都是国内顶尖的经济学大家。

结果这时，任命我当秘书的调令来了。1982 年，张劲夫同志受命组建国家经济委员会，在原来的五个部委的基础上，组建大经委，负责整个国民经济的运行。张劲夫同志"文革"后期曾在财政部任部长。那时，我去看过他，有时也陪他聊聊天。他对年轻人的思想观点很关注，我给他印象可能比较深。这时调他组建大经委，他就说："我这次到经委工作责任很大，除了原来的老秘书以外，我想找一个像孔丹这样的人。这个人有思想，他跟很多年轻人有来往，能帮助我和他们沟通。"所以组织上就来和我打招呼，希望我去他那里工作。

这件突如其来的事情，使我很为难、困惑。我觉得，自己好不容易摘掉了中学生的帽子，而且我已经认定要在经济理论领域走下去了，也自信会有些很好的研究成果出来，所以我非常犹豫。后来，劲夫同志把我叫去谈了一次。他对我说，你要知道，到我这里来工作，这个机会是很好的，因为接触实际呀。你们搞理论研究也是要解决实际问题的，在我这里你可以接触国家各方面的情况、各方面的人嘛。你还可以帮我跟那些年轻人、有思想的人沟通，比光去读书好，发挥的作用更大。我回来又和吴老师商量。我记得吴老师说，你去经委搞一搞也好，你的研究方向就是社会经济改革嘛，就是计划与市场的关系。接触实践，你可以直接对它的运行进行了解，以后有机会再回到理论战线上来，那时你会有更多的体会。听了他们的意见后，我就做了选择，接受了秘书的工作。看来我这辈子做秘书也是命中注定，先是王震那里，接着是耿飚那里要我去，我都没去成。这次终归还是到劲夫同志那里去了。

一个人一生的选择可能有好多次，往往都是纵向发展。选择一次向这个方向走一段；再选择一次会向那个方向走一段。但是，除非中间横生枝节，出现交叉，否则再走回到原来那个主干的机会很少。在这点上，我对秦晓刻苦的学习精神还是很佩服的。虽然我对他现在的一些理念和观点并不认同，而且有些是很对立的，但那是另外一回事。他在掌管一个国有大型企业的同时，又去读剑桥大学。在不脱产的情况下，两次党代会之间的五年，他把剑桥经济学博士的学位拿下来了。在某种意义上，他等于又回到理论战线上来了。

我呢，就顺着这条路走下来了。在劲夫同志那里，实际上时间并不长，就是1982年6月到1984年的9月，两年多的时间。在那里，我对经济工作的接触也是多方位的，确实是有大量的信息、会议、考察。这个期间我接触过几乎各条经济战线，到过在山沟里部署的二汽，坐直升机看过东北的森林工业。还看过许许多多其他的行业、企业。

在1980年代，我跟一群同时代的年轻人保持了比较密切的交往，那是一个青年精英辈出的年代，也是一个思想非常活跃的时期，不少人至今仍在怀念那个时期。当时，农村政策研究室有几个有名的人物，翁永曦、王岐山、黄江南和朱嘉明，号称"四君子"。我们时有聚会，对中国经济有过多方面的探讨。那时期，中央对市场化改革的问题，是从理论和实践两个方面来探索的。在价格改革方面，闯关成为当时中央一个非常重要的课题。我的印象是，陈云同志更强调计划的作用，认为市场是要在计划的笼子里面运行，对价格改革比较慎重。当时中央财经领导小组组长是赵紫阳，也是物价改革领导小组的组长，劲夫是副组长。通过我的人脉，了解一些青年学者的思想和理论成果，对劲夫同志来说，是我可以发挥的一种特有的作用。

莫干山会议就是其中一次比较重要的活动。[①] 1984 年夏天，我和在赵紫阳那里做秘书的四中同学李湘鲁跟着劲夫，一路到了杭州。

我就跟劲夫同志汇报说，有一批年轻人在莫干山开会，探讨的问题包括有关物价改革的一些问题，我想去了解一下他们的想法，去听听有什么有价值的、有利于我们做具体工作的思想和意见。劲夫同志说，好，好。我说，那我就拉着李湘鲁一块儿去，他是赵总理身边的，我是你这边的。因为有关物价改革的事是你对赵总理负责的嘛。劲夫同志同意后，我们就上山了。

到了莫干山那天，我记得在山上基本上是彻夜未眠。我们找了间屋子，"开神仙会"。在场的有王岐山、陈一谘、张钢、黄江南等人。我当时感觉陈一谘是个比较狂热的人，有时不是很理性，我对他印象不太好。王岐山和纯粹理论学术派的风格不大一样，他一贯表现出很强的为政府咨询、为决策服务的能力。谈了以后，我说，这样好不好，你们把这次会议的主要观点，整理出一个东西，先给我一个材料。看了材料后，如果有可能，我请劲夫同志和你们在杭州当面谈一谈。这样，他们很快草拟了一个材料，我就拿着下山了。我在山上就待了一天。

现在听说大家在争什么"双轨制"最早的发明权，或叫首倡权，以及怎么看价格改革，是彻底的一步到位，还是通过"双轨

---

① 莫干山会议于 1984 年 9 月 3 日至 10 日在浙江省德清县莫干山上召开。这是中青年经济学者第一次全国性的研讨会，出席者一百多人。它被称作"经济改革思想史的开创性事件"，是青年经济工作者"第一次集体发声"。这次会议不仅使一批经济学家脱颖而出，走上舞台，也为 80 年代的改革提供了重要的思路，引起中央高层领导的重视。——编撰者注

制"过渡，等等。我那个时候的脑子里头，更注重的是把这种研究理念和成果，通过劲夫同志的推动，能够和社会的实践结合起来。平心而论，我没有很深地介入这些问题的核心探讨。我觉得是否有实际价值，劲夫同志他们会去判断的。

材料交给劲夫同志以后，他看得很认真。之后，他说，这样吧，我召开一次座谈会，确定一批人吧。现在这个名单我不太记得起来，可能有楼继伟、徐景安、张钢、华生、黄江南等，但我记得马凯、岐山没有参加。在这个座谈会上，他们都表达了一下自己的观点。现在想起来，有一点很重要，就是以我的就近观察，有些学者夸大了莫干山会议的作用，物价改革的真正推动者并不只是学子、学者，实际是中国经济市场化的改革和发展已经提到日程上来了。据我所知，在此之前，物价总局的成致平局长一直都在调研这个问题，对很多问题进行梳理，物价改革是一步走，还是两步走？怎么个走法？当时对各种思路都在探讨，权衡利弊。我印象中，劲夫同志对物价改革还听取了陈云同志的意见。在党内，陈云同志的意见是具有权威性的。

杭州这个座谈会的纪要整理出来以后，劲夫同志批示大体的意思是：我觉得这些意见还是很有参考价值的，送请紫阳同志阅。赵紫阳对此也批了一段话。我今天没有找到这个批件，现在人们引用这段话时，都说是国务院领导同志讲的。其实就是赵紫阳总理和劲夫同志，他们对于物价改革加以肯定，可以作为我们继续推动改革的重要意见。其实改革不是个别人的个别想法，这是一个国家、一个民族，到了这个阶段的一种自然历史过程，各个层面都具备了一定的条件。

我觉得，使学者、学子直接跟改革的决策中枢沟通，让他们发表意见并吸收他们的意见，应该说在那个时期这种互动达到了一个前所未有的程度和水平。我虽然离开了理论界，但还是起到了一个联络、沟通和推动的作用。莫干山会议的作用是坚定了中央物价改革的信心，考虑到如果价格全部放开，对社会的震荡会太大。最后采纳了比较稳妥的"双轨制"，先把一部分价格放开。莫干山会议在理论上的建树是一个方面，一些青年学者的主张被吸纳。它还有另一个重要方面，就是这批人才被重视了，分别在不同的岗位崭露头角，逐渐发挥了他们的作用。这是一个很重要的成果。这批人中间包括马凯，他的研究课题就是物价。

后来我看过一本有关的文集，里面除了朱嘉明的回忆提到了我和李湘鲁，多数人都在说自己的发明权什么的。我这个人有一点好处，从来没有妒贤嫉能。在这次的事情中，我就是穿针引线的角色。我觉得这些人都比我各有擅长，我就努力推荐。有什么好的主张，我尽量让它能够上达。这是我在秘书任职上，在改革的关键时候，所做的一件促进朝野互动来决策的好事。把当时比较领先的研究成果，与劲夫同志的工作实践结合起来，确实起到了他要我当秘书时希望我起到的作用。

1984 年，我在劲夫秘书任上时，按陈云同志的要求在他的办公室成立了一个学习小组，成员有朱佳木、许永跃、陈元、任小彬和我。学习的内容是马克思主义的经典著作，书目是陈云同志亲自开的，从当时号召党内学习的 30 本原著中挑选的。陈云同志让我们读书，做笔记，一周搞一次讨论，大家都很认真投入。通过这种方式，促使我们这些在不同岗位上的年轻人可以互相砥砺，梳理思想，坚定党性。

清理"三种人"

　　我在"文革"后的 1979 年曾经写了一篇关于"西纠"的文章。当时杨尚昆同志很关心，我和他谈过之后，应他要求写的。这篇文章当时在《人民日报》的内参《情况汇编》第 1107 期上刊登了。这篇文章写的角度不是考证历史，不是着眼于具体细节，大体说了"西纠"当年成立的背景。里面有一些分析，"文革"初期是什么情况，然后我们这样的一批年轻人以"西纠"的形式做了些什么事。这反映了我在 1979 年的那么一种认识，主要是呼吁为"西纠"公开平反提供一些依据。

　　1980 年，《中共中央批转中央纪律检查委员会关于康生、谢富治的两个审查报告》中谈道："谢富治伙同林彪、江青、康生、陈伯达等人，在文化大革命初期，把北京市中学生中的群众组织'红卫兵西城区纠察队'、'红卫兵联合行动委员会'打成反动组织，逮捕了二百多人，大部分是干部子女。谢富治炮制了一个《对反击逆流中收押的反动学生处理意见》，阴谋把一批青少年按

‘反革命分子’、‘思想反动分子’惩办。”这一文件，实际上已经为“西纠”等组织定了性。

1984年，当时中央决定整党，其中一条是要清理“文革”中的“三种人”。有一天，我父亲回来跟我说，中央决定清理“三种人”了，会上做了重要的决定，也制定了文件。他非常高兴，甚至可以说很兴奋。他说，“文革”初期造我们反的那些坏人，我们一定要把他们清理出来，不能让他们隐藏在我们的队伍里！我说：你跟我说说大概的情况。他就说了会上的情况。我说，出事儿了，出大事儿了！你们怎么那么不了解实际情况，怎么就凭着感觉做这样重大的决定？他问，怎么啦？我说，按照现在的说法，清理“三种人”，矛头所指的就是我们这些人。你认为你的儿子是三种人吗？他说，荒谬！你们都是受迫害的人。我说，一点不荒谬，因为按你们的标准，就是以文化大革命初期的红卫兵为主要对象，而且不仅是大学生，还包括中学生。你们这些老同志对“文革”中曾经迫害过你们的人，肯定觉得是应当处理的。这种想法我觉得很正常。“文革”初期，造反的群众里头确实也有些坏人，但是用“三种人”这样一种表述，用这样一个方式来处理，我觉得会伤及无辜，伤及到不该伤及的人。我父亲觉得我有点多虑，说，没有那么严重吧？我说，我相信我的担心是有道理的，非常可能出现问题。比如说像你儿子这样的一批人，就可能受到冲击，当时的大学生和中学生都会出现这种问题。

按当时中央的那个文件，有一个部署，要先调查了解有哪些人在“文革”中有“三种人”问题。果不其然，很快有的部队就把人隔离了，稀里哗啦，不管三七二十一先弄进去。我一看这事儿大了，蒯大富、韩爱晶这样的不用说了，像清华大学的红卫兵头头贺鹏飞、乔宗淮等，像当年的"西纠"、"联动"的头头，很多人因此受到审查，在各个地方、不同岗位的很多人都开始出现问题了。

在这个关键的时候，我决心向中央上书言事。由于这封信涉及的是一个重大政策问题，由我个人署名好像不大合适。为此，我曾经和马凯、秦晓商量过，他们是不是可以联合签署。推敲了之后，觉得他们都不太合适。马凯那时是西城区副区长，秦晓是宋任穷的秘书，都不合适。后来我找了我们班的同学董志雄，他是大翻译家董秋斯的儿子。我说："我要向中央反映这个政策界限不清的问题，你能不能和我一起联名签署，不然我个人的色彩太重就不好了。"他说："没问题，孔丹，我对你完全信任。不看都行，你拿来我签吧。"后来我就照此办理了。

这封信是写给陈云同志的。信的大意是：清理"三种人"是很有必要的，但是要区别情况。我就从老红卫兵的角度，谈怎么看待老红卫兵。老红卫兵在文化大革命初期是犯了左倾的错误，比如破"四旧"；但是大多属于一般性错误，后来我们觉醒了，跟"四人帮"进行了斗争。"当然，对其中情节严重者，如个别打死人的，如果过去没处理过，也必须区别情况，认真处理。但这不能和'三种人'的打砸抢混为一谈。"如果把初期红卫兵和后期的造反派不加区分，笼统地讲"三种人"，就会把一些好人也都列为清理对象了，这样风险很大。

当时，首先是陈云同志在 1984 年 2 月 27 日做了批示，陈云的年谱里提到了这件事。陈云同志意见非常明确，他批示的大意是：孔丹同志的意见是对的，有关部门应当研究。这些红卫兵不属于"三种人"。其中好的还应是第三梯队的选拔对象。清理"三种人"是一场政治斗争，要防止有人把水搅混。陈云将此信批转给政治局常委，并建议将此信印发政治局、书记处、中央整党指导委员会和中组部。后来，胡耀邦同志表态：按陈云同志意见办，送小平、紫阳、先念同志阅批，然后请乔石同志把所有批语材料印成政治局文件，发各同志。先念还批了一句：完全同意。小平、紫阳都画了圈儿。

后来中央就关于清理"三种人"的问题又发了具体的政策性文件，总之避免了因政策界限不清一勺烩的情况。从当时的情况看，对于清理"三种人"是有不同看法的。对于哪一部分人是"三种人"也有不同的看法。我认为事关重大，就尽我所能做了这件事情，发挥了我自己能发挥的作用。

我认为，在"文革"中，我们身上还是存在着一些健康的因素，而且这些因素也是多年积累下来的。但是我们也非常清楚地看到我们整个的思想倾向，是跟着左的路线走的，我们天然就接受了这种思想，而且我们也是亲力亲为、主动去推行的。

在这么长的动乱中间，我们就像一个硬币的两面。一面是我们积累起来的社会责任感和理性；另一面我们同时都无可避免的是党的左倾路线的执行者。不过是在不同情况下，有不同的表现而已。我们开始反校党委，后来又跟造反派冲突，但是都离不开对"文革"的最基本认识。应该说是到1975年，才开始走向彻底否定"文革"、否定无产阶级专政下的继续革命，但从理论上否定"文革"是到1978年邓小平推动思想解放以后了。

　　我们这批人在"文革"中有错误，要检讨、要总结这个错误，要去反思，但要给我们机会。我们和"文革"中的造反派毕竟有根本上的区别。在这个基础上，为了一部分人，或者说为了一个群体不受到不应有的打击，我写了这封信，帮助了甚至在某种程度上可以说挽救了不少同志。不过，给陈云同志写信这件事，对我个人的冲击蛮大的。我写信时有一定的精神准备，但我没有想到反应会这么强烈，这么直接。

　　虽然陈云同志以及政治局常委们原则肯定了我的信的基本观点，事情也得到了转变，但也有个别领导同志提出：就算孔丹这些人不是"三种人"，难道还能成为第三梯队的选拔对象吗？

　　当听说这种看法之后，思想上对我冲击很大。为此付出的代价就是我再一次成了出头的椽子了，这件事我是付出了代价和作出了牺牲的。在相当长一个时期内，一想到这个问题，我的心情就很复杂、很苦涩。"文革"初期，我的思想一直比较保守，或者说是稳健，比较理性。因为这种理性在那个时候，在错误思潮统治整个社会的时候，有它的健康性，有它的人民性。我被"文革"的浪潮推到那个位置上，我必须出面保护人们不被抄家，不被殴打，不被杀害，保护人民财产不受到侵犯，保护老同志不受冲击，由此帮助了不少人，但我为此付出了沉重代价。在那个背景下，我自然而然地受到总理的关注，他要发挥我们的作用。事情发生在我身上，致使我母亲成为了一个工作渠道，以致事件后来的发展结果是我怎么也始料未及的。

　　这样，我做的事就把我母亲连累了，江青一点名，把我父亲也卷到这个旋涡里去了。我母亲的自杀，应该说导火索是"西纠",这是毫无疑问的。如果不是这样,我母亲可能还不会自杀,或许还有机会在文化大革命十年浩劫中幸存下来。我父亲对"文革"有一定的思想准备,冲击是必然的,但是也不会那么早就进监狱。那时候,自杀被看作是一种叛党行为,连骨灰安放都成问题。在家里,我和父亲每次谈起这些事来都很感慨。可父亲从没有指责我,说:看你这个孩子在外边胡闹,把家里弄成了这个样子。但是从我自己的角度,几乎一生都抛不开这个负疚的心结。有时,我父亲也会用一种隐晦的口气说道:"唉,你妈妈要不是因为这个事情……""你妈妈如果能活到今天……"

对我家出的这些事,从心态上说,我是很纠结的,有时是在心底深处颇有悔意。今天回头看,我想当年即便没有"西纠"也会有"海纠",没有我们这批人也还会有其他的一批人去做这件事。但是,具体到我和我的家庭,结果就会大不一样。有这个事和没有这个事,还是有天壤之别的。本来我早就应当汲取教训,但我还是那种责任感使然,觉得对的事情就去做了。结果,这次写信的事情让我又当了一次出头的椽子。

我这次又把自己摆到了最高层政治的视野中。这一出头,中央文件上全有了,从政治局常委以下的领导同志都知道了我这个人,产生不同的看法也就很正常了。尽管有陈云同志批示——"孔丹同志的意见是对的。这些人不但不属于'三种人',而且其中好的还应是第三梯队的选拔对象"。不用说,我当然是在那"好的"范围中了。但有的同志的印象是,就算这些人不是"三种人",难道还能进入第三梯队、成为培养对象吗?那当然也是说我的,等于我在上面又被挂了号,我实在应当有自知之明。

"文革"后，老同志通过文化大革命的教训有一种倾向性，觉得过去用的人很多有问题。许多领导的秘书，在关键时刻禁不起考验而反戈一击，甚至有些人投机出卖；所以，选干部子弟当秘书，是那个时期的一个潮流，觉得至少政治上可信。所以前面说过，王震同志曾要我做秘书，耿飚同志曾要我做秘书，我给张劲夫同志做秘书前后，还有人推荐我去给万里同志做秘书。万里当时是改革派的一个很重要的人物，我父亲和我们两兄弟经常跟他一起打桥牌，万里本人和我可以说很熟。由于我在老一代的领导人那里，凡是认识我的都觉得我是一个好后代，有能力、不张狂、可靠、踏实，所以都希望选我做秘书。但是，秘书的工作毕竟是过渡性的，于是我又面临着一次职业选择。

我身边的朋友们都认为我应该从政，觉得我有从政的素质，从能力到品质、从本质到形象都是一个可发展可造就的人。我自己怎么判断呢？我经过"文革"的多种历练和磨难，能力、品质、意志都得到了一定的提升。但是我从"文革"开始，就成了出头的椽子，过早地在政治舞台上表现，虽然很短暂，仅仅一个月到两个月的时间，但对我一生带来的重大影响是难以摆脱的。在写出这封信之后，我越来越清楚地感到，我是应当远离"官场"了。

走进光大

劲夫同志作为国务委员，除了主管的工作外，还分管两个改革开放的窗口，一个是中信集团，一个是光大集团。他和荣毅仁原来在北太平庄的一个院子里住过，彼此很熟悉。荣毅仁是 1979 年建立中信的，王光英是 1983 年创建的光大。成立光大时，中央给的资金比给中信的还多些。我记得是给了 20 亿人民币，还给了两亿美元作为进口国外先进技术和二手设备的周转资金。在那个转轨时期，很多事情都是由领导人推动的。中信就是小平同志委托荣毅仁同志组织建立的，它起到原来旧体制起不到的作用，成为一种重大的探索。

因为工作关系，我跟荣老和王老两面都有沟通，他们对我印象都很好。王老就给劲夫同志写了一封信，大意说：成立光大以后，急需各方面的人才。你的秘书孔丹是个优秀的年轻人，了解经济事务，也有理论基础，能不能调到光大来，帮助我在光大发展事业。这样我就又面临一个选择问题了，当时往这个方向走叫

"下海"。

我从小就和王军非常熟，那时我们经常在一起下围棋，有几次我是彻夜地陪他下棋，从头天晚上 7 点多下到次日凌晨 5 点多。然后他开个摩托车把我送回家，我再骑上自行车到中南海上班。这时，实际上王军已经参与了中信的创立。我把这事儿跟他一说，他说："你到光大干嘛去，你当然是到中信来呀，要帮人也要先帮助我呀。我找荣老板去说，给你要个好位子。光大那边给你安排什么职务？"我说："可能是考虑某个部门的负责人吧。"他说："我也给你要这个职务。"当时王军是中信业务部的副总，他真去找了荣老板。荣老板说："孔丹还这么年轻，你才是业务部的副总，这样吧，是不是给他搞个业务部襄理。"那时我已经 37 岁了，不过在当时还算是很年轻的处级干部。中信的业务部其实就是中信的核心部门，所以给我安排襄理，在当时的中信已经是很可以的了。王军就来找我说："荣老板说给你个襄理，我能做的就是这个。不过到我们中信还是好，我们有很多好的发展条件。"

这个事情我当时跟劲夫同志报告了。劲夫同志对我去这两个地方都不以为然，他说："孔丹，你在政治上、理论上、工作上都还是很有基础的，我觉得你还是要在政府里工作。"这时又遇到一个事儿，段君毅当时在北京市当市委书记，他的儿子段存理是我四中同学，专门找我说："我父亲特别喜欢你，他希望你到北京市来干。"段君毅其实已经有一个考虑了，他问我："你现在什么级别？"我说："副处级。"他说："海淀区缺个副区长，你干怎么样？愿意不愿意？我们这是对年轻人的重用啊。"

劲夫同志还跟我说："不到北京市也可以，你到上海去，在经委做个副主任，直接去接触实际嘛。"当时上海市的市委书记是陈国栋同志，市长是汪道涵同志，都是华东的老同志，与劲夫同志相熟，彼此非常信任。所以劲夫同志为我做这个推荐是会非常有力的。

尽管有这些非常好的选择机会，但我还是觉得我不大适合从政了。而且我觉得，在80年代初期整个国家人们的思想都很活跃，经济运行模式正处于一个探索过程。中信和光大都是非常新的事物，值得去摸索和创新。我反复考虑之后，决定了方向，就是到企业去做经济工作。中信和光大都请我去，去哪一家？王军老大哥欢迎我去中信，当时王光英的主要助手李新时和刘基辅极力劝说我去光大。我的直觉是，中信人才多，光大人才少。光大可能会给我带来一个更大的空间，一个更大的平台。1984年9月，劲夫同志虽然很不情愿，但看我去意已决，就说："那还是给你一个机会去发展吧。"这样，我就到了光大。

在迈出这一步之后，我在很长一个时期，就没有再变动。在光大16年，又到中信十年，就这两个地方。后来王军始终用一句话调侃我："你绕了半天又回到中信，为什么当年不直接来中信呢？闹了半天，你是嫌我们给的官小啊。"我说："绝对不是。"

1989年"六四"以后，政治局在北戴河开会决定，中央直属的五大公司只留中信，其他的都撤掉。我们当时就给姚依林同志写信，反映意见。因为光大在香港已经建立了很多业务联系，如果这么一撤，会造成香港社会的不稳定。王军这时又调侃了："让你来中信，你不来。这回把光大都撤销了，看你到哪儿去！"

不过，这也许就是人的命运。好在后来中央采纳了我们的意见，保留了光大。

其实，我也为王军考虑了。在我选择了去光大后，对王军说："王大哥，我推荐一个人，秦晓，我四中的同学，'文革'中我们是一起过来的，他能力很强，很多方面都比我强，最起码外语比我强，他干过外事局副局长的。我相信秦晓到你这儿，一定能给你帮上忙。"在王军那里，我这样认真地推荐一个人还是有一定信用的。不久秦晓到了中信，很长一个时期作为王军的主要助手；一直到调整领导班子，王军做了董事长，秦晓做总经理。

我比较为别人着想，有这个胸怀。我向来习惯讲，很多人比我强，应当受到重用，喜欢做这种穿针引线的事儿。以前我比较推崇秦晓，所以把他推荐给王军。我还曾向当时任北京西城区委书记的陈元推荐了马凯。现在马凯还说，如果不是孔丹，我不会到西城区工作，也不会从政。他的意思是，也不会发展到今天的地位。从整个国家发展的需要看，马凯发挥了他的能力和特长，起了更好的作用，他人品端方，诚恳实在，实事求是是他一生的追求。

1980 年代初，时任总参二部政委的父亲摄于北京

1980 年代，孔丹（左一）、孔栋（右一）和父亲在家中，于北京

1989 年，孔丹与妻女李晓北、孔若萌陪同父亲孔原在北戴河

1984 年，初到光大时于香港游艇上合影。前排左一孔丹、左二王光英、左三李嘉诚、
左五李昭、左六李新时，右一王苏民

2004 年 11 月，出访古巴时，于哈瓦那拜会菲德尔·卡斯特罗

2005 年 7 月，于北京会见印度尼西亚总统苏西洛

2006 年 8 月，于北京会见委内瑞拉总统查韦斯

2008 年 4 月，在北京会见澳大利亚总理陆克文

2008 年 8 月，在安哥拉罗安达拜会安哥拉总统多斯·桑托斯

2008 年 8 月，在北京会见白俄罗斯总统卢卡申科时，边走边谈

2009 年 4 月，于北京会见哈萨克斯坦总统纳扎尔巴耶夫

2009 年 7 月，出访哈萨克斯坦时，与纳扎尔巴耶夫总统、马西莫夫总理欢叙，于阿斯塔纳的高尔夫球场

2009 年 8 月，于北京会见英国前首相布莱尔

2010 年 3 月，出访阿根廷会见总统克里斯蒂娜，于阿根廷布宜诺斯艾利斯

2007 年 4 月 27 日，中信银行股份有限公司在上海、香港成功同步上市。
发言者为孔丹，于香港

2007 年 6 月，视察中信承建的奥运会鸟巢工程。左一为孔丹，于北京

2010 年 3 月，视察巴西坎迪奥塔火电站项目。左三为孔丹

2008 年 8 月，出访白俄罗斯期间，与总统卢卡申科会谈

2010 年 3 月，视察安哥拉社会住房项目。中间者为孔丹

2007 年 7 月，视察青海盐湖中信工程。右二为孔丹

2009 年 11 月，在云南参加中信的扶贫活动

2006 年 7 月，中信银行和国航联合发行信用卡，兄弟联手。左三为孔栋，左四为孔丹

2012 年 3 月，参加人大十一届五次会议

2010 年，两会期间在北京四中与孔栋（左一）、李三友（右一）合影

2002 年 12 月于北京，全国图书订货会时，在中信出版社展台前与我的老师吴敬琏（左一）、中信出版社社长王斌（左二）交谈

2000 年 6 月，于香港看望南怀瑾老师。左起：朱荣徽、秦晓、衣锡群、南怀瑾、孔丹、冯丹云

2009 年 11 月，去苏州太湖大学堂看望南怀瑾老师。左起：孔丹、南怀瑾、李晓北、洪建灵，于江苏吴江

2010 年，北京四中高三五班同学聚会给顾德希老师祝寿，于北京

2010 年，给顾德希老师（中间者）祝寿，左一为孔丹，左二为周孝正，于北京

1997 年夏，孔丹（前排右二）与四中校友聚会于北京

光大 16 年

　　我在光大从 1984 年一直干到 2000 年，但是光大集团可以说命运多舛，发展不顺。当时中信和光大有一个共同特点，就是没有一个稳定的发展领域，国家没有具体指明应当搞什么行业、产业。所以有一个说法，就是什么能赚钱就做什么，于是就有了很多的创新。王光英老板到了香港，以他的身份和香港的重量级人物沟通，又有一定的国家背景的信用。在王光英的领导下，应该说光大早期也开创了别具一格的局面。

　　从成立之初，中信和光大这两个公司的思路就不大一样。这两家当时都是按部级建制建立的，不过中信的印章上有国徽，尺寸是正部级的，光大想要国徽章没要到，只给了个五角星，但印章尺寸与中信一样。中央下发的成立光大集团文件里，明确说是作为部级机构设立的。因为我长期在这两个公司里工作，所以有时我喜欢对照着来描述和比较。

　　从公司架构上，当时朱镕基等很多部委领导都是中信的董事会成员。它的营运模式反映了荣老板的考虑，即中信不能像过去的传统国有企业和部委办那样运行。荣老板的思想非常实际，他知道离开了国家的支持就不可能展开拳脚。谷牧同志当时有个说法：如果不让中信走长安街，煤渣胡同总要让它走一走吧。意思就是大街走不了，总要让人家走走小巷吧。可是怎么走小巷，很大程度上要有一些部门的支持，所以荣老板很早就把很多部委的领导聘为董事会成员，同时起用了一批老的工商界人士，继续发挥他们的作用。当然，王军及他所凝聚的一批人才成为中信实际业务发展的中坚力量。

王光英老板的路子不太一样。他把总部设在香港，一开始用了几个比较年轻的人，如李新时、刘基辅，都是我的好朋友。这两位都发挥了至关重要的作用。后来，王老板从劲夫那里要去我，我当时跟王光英并不算很熟，是他们推动他，说孔丹这人行。我去光大前，他们有个申请进口二手设备的报告。他们说，这个报告交给孔丹改。于是，我就帮助改了改，报上去了。当时机械委员会是薄一波负责，这个报告到了薄老手里，他在上面画了很多线。等文件和批示拿回来他们一看，薄老画线的地方都是我加上去的内容。我说，这是因为我了解办公的程序，知道用什么方式向领导报告、请示和沟通。那时王老板也想发挥我在国家经委积累的经验和与各部委办来往的人脉关系，还有很重要的一点是劲夫同志直接管光大和中信。因此一些重要事情的请示、沟通上，找劲夫同志比较容易，比较便利。王老板为了发挥我的长处，还专门成立了沿海城市业务部，要我负责，安排当时国务院确定的 14 个沿海开放城市①派代表常驻光大香港总部，为他们的城市对外开放提供服务。这些代表后来都成为了他们城市驻港机构的负责人。

这两位老板都在政坛上发挥作用了。荣老板是先做副委员长，后来做国家副主席。王老板是先做政协副主席，后做副委员长。光大发展了一段时间以后，中央就派了原人民银行副行长邱晴，来接任王老板。光大和人民银行有很深的缘分，邱晴之后就是朱小华，后来朱小华出了问题，又派了刘明康，连续三任光大的一把手都是由央行的副行长来做的。现任的唐双宁董事长，是由银监会副主席任上调来，情况类似。

"六四"以后，原来中央直属的五大公司就剩两大公司——中信和光大了。邱晴是在"六四"以后接任王光英的。之后，光大调来了一批央行的司长，包括外管局局长唐庚尧及刘纪元、李树存等老同志。在邱晴主政时期，我和她的私人关系非常好。我认为她是一个品质很好的人，我也是她培养起来的。1993 年，中央把我和王雪冰一起任命为光大集团的副总，她对我们年轻人寄予很大期望，但王雪冰没多久就被调到中国银行去了。

中信原名叫中国国际信托投资公司，当时各个省都成立了信托投资公司，这是当时经济发展的一个融资平台，或者叫融资窗口。当时，光大下面也成立了一个国际信托投资公司，负责人叫王亚克，原来是国家外管局的一个处级干部。他在比较短的时

① 1984 年，国务院批准大连、秦皇岛、天津、烟台、青岛、连云港、南通、上海、宁波、温州、福州、广州、湛江、北海 14 个城市为沿海开放城市。——编撰者注

间内，就把光大信托投资公司的投资规模从9个亿扩张到140个亿。但是，他做外汇交易出了问题，一开始就赔了4000万美元。4000万美元，在现在对一个大公司来说还是有限的，但在当时这是一个巨额数字。于是，他想捞回来，又投入资金再做，又亏了4000万美金，整个亏了8000万美金。同一时期，中信做铜的期货，也赔了相当巨额的一笔钱。

这时，邱晴就对我说，孔丹，你去做一件事；王亚克不行了，由于这些损失他的精神压力太大，一天到晚精神恍惚，你去接替他；先去了解一下情况，争取用三个月给我一个报告。之前，我在光大是做贸易、实业投资和港口方面的业务，接到这个任务后，我说："好，我一定努力完成这个任务。"我就走马上任了。那时，光大国际信托投资总公司设在北京天坛饭店。我上任一了解情况，就大吃一惊。

光大信托投资公司在全国一共设了七个办事处，但都不是独立的子公司，都是办事处。在三四年的工夫里，它高息揽存，形成了巨大的负债。高息揽存的利率非常高，人民币年息22%～24%，美元年息12%。然后他们把所有的钱又投向各个省区，投到各种项目上去了，有的是放账借给了别人，投出去的这些钱，实际上是血本无归了。但他怎么形成账面盈利呢？他是这么记账的：他把总部投出去的资金和办事处之间设一个利息差，把这个利息差记作为本部的收益，这实际上是虚假的收益。所以我摸了情况后发现，出大事儿了！接手不到一个月，我就向邱晴报告了。我说，一年损失我给你算个粗账，按那么高的利息，100亿元人民币，一年就亏损22个亿～24个亿；美元按

12% 利息算，我记得有六七亿美元资金吧，一年利息约八千万美元，相当于五亿多人民币。这两个加起来得损失多少？少说一年亏损 25 亿至 30 亿人民币。

邱晴说："孔丹，你别吓我呀！"我说："邱晴同志，你对我这么信任，我得给你讲老实话。"后来，她就把唐庚尧、刘纪元、李树存三老找来，我一个人给他们汇报。我把材料和基本的数据往桌子上一放，一一分析。我记得唐庚尧当时脸就白了，他说："孔丹，你可得负责任啊！这个事儿可别弄错了啊！"我说："我以党性来担保。你们看他会计准则的使用是有严重问题的。"唐庚尧说："如果是这样，我们就完了。"我说："事实就是这样，不仅是光大信托完了，它会把我们光大集团拉到深渊里去，因为它是个危险的'活老虎'，每年都会吞噬我们几十亿元。"

那是在 90 年代中期，劲夫同志已经退了，国务院是李岚清副总理负责对外经贸这部分业务，分管中信和光大两个机构。邱晴说："你和我一起去给李岚清同志汇报一次，你来讲，你能讲清楚。"在李岚清同志的办公室，我就向岚清同志将这件事的来龙去脉汇报了。他听完之后说："邱晴同志，出了这么大的事儿，我解决不了了。这很多都是金融方面的事儿，要找镕基同志了。"于是，他给镕基同志打电话。当时镕基同志是常务副总理兼中央银行的行长，李鹏同志是总理。岚清同志当时在电话里说："我这儿有个事儿。光大出大问题了，我解决不了，得找你了。"镕基那人肩膀硬，他说："好，我来处理。"从这个事件开始，中信和光大就都转到镕基管辖的范围里去了。

镕基就让人民银行的戴相龙、陈元他们来了解情况。那时我成天就是汇报。向戴相龙同志汇报，我汇报了十几分钟以后，戴相龙同志带着苏北口音说："孔丹，这是做假账唉，这怎么得了唉！"我说："我知道这是做假账，得了不得了，这事已经出了，怎么办哪？"我还跟陈元汇报。当时央行三个司的司长：一个是现在中行的董事长肖钢，一个是现在银监会副主席蔡鄂生，一个是现在中国投资公司的谢平。他们三个当时都是司长，一齐到光大来，再听我汇报。这件事在当时的金融界是不得了的事情。

此前不久，英国老牌的巴林国际银行有个叫里森的，他做外汇期指交易，给巴林银行损失了大约五亿英镑。他的手法就是做假账，输了钱，在账上看不出来。总部派人来检查，他说他在花旗银行有多少钱，在巴黎银行有多少钱。然后，他就带检查人员去玩儿，糊弄，把检查混过去了。终于有一天他兜不住了，五亿英镑亏损就把老字号的巴林银行搞垮了。后来，他在新加坡坐了监狱，居然还写了本书：《我是怎样搞垮巴林银行的》。王亚克其实也可以写一本《我是怎样几乎搞垮光大的》。

我一直对邱晴这位老同志很尊重，她做人做事很有大家风范。她说："这种情况非常危险，要给镕基同志写报告。"这个报告从头到尾是由我起草，邱晴修改的。在报告的结尾，她自己加上最后一句话："我难辞其咎，愿意接受任何处分，只要能够挽救光大。"我说："邱晴同志，这句话要写上吗？"她说："我得表态，我来承担责任。"当时镕基同志果断处置，让罗干秘书长过问这件事，调整光大的班子。罗干同志来谈话，邱晴因此就被免职了，但是没有追究责任。1996年调整班子，任命央行副行长朱小华为光大董事长，任命我做光大的总经理。

朱小华刚到任，镕基接见我们。我就在光大大厦等朱小华的车，准备一起走。我的司机看朱小华的车还没过去，就继续等。等着等着，我觉得不对劲了，三点开会，这都什么时候了！我说："赶紧走！"紧赶慢赶到了中南海镕基同志的办公室，九个座位只有一个空的在等我，罗干、戴相龙等同志都在，弄得我出了个大洋相。开会之始，罗干宣布了任免。镕基接着说："孔丹，你这个总经理是我提名的，你要好好支持朱小华，帮助朱小华。你们要承担起责任来！"

会后，我们就抓紧制定解决方案，这个方案我不知写了有多少稿。有了初步方案后，我和朱小华坐着火车硬座就奔了北戴河，等着召开国务院办公会议。我们是背着一捆材料去的，都是我准备的。开会之前，先到了镕基那里，他听了一阵我的汇报，就说："孔丹，你是要负责任的，你知道吗？"我说："我负责任。"他说："如果这次的损失低于 25 亿，那就是谎报军情，你要负全部责任！"我说："镕基同志，损失只会比 25 亿多，不会比 25 亿少。"后来审计署派人来专门核查，经查实一年就损失了人民币 25 亿至 30 亿元，而且会延续下去。镕基同志动怒了：这个人要抓起来！当场去给李鹏总理通了电话。所以，北京那边马上就抓了王亚克。

国务院召开办公会议，专题研究光大问题，我们汇报解决方案，会议由李鹏主持，镕基在一边不断插话。我们的方案经过反复测算。首先，方案主要是实施债转股，就是债还不起了，是谁的债权，就直接变成我们的股东。我们这个光大信托投资公司，就是大家的了。我记得当时把那几个副总理急得呀。李岚清说：

"哎呀，你们这个里面有我们外贸系统的钱啊，你们不能不还钱哪！"钱其琛说："我们外交系统本来就没几个钱，放在你们那里生点利息，怎么搞成这个样子，你们得还！"其次，除了大部分债转股外，方案里也安排少量还款。李岚清除了外贸还管教育，他说："教育是千万要保证的，那是我们辛辛苦苦弄的钱。"我说："各位副总理，按国务院指示精神，能解决多少就解决多少，但是我们得有钱才行啊，你们得给我们拨钱啊。"

那是一个很漫长的过程。那时候我常用的词就是：坐困愁城、内无粮草、外无救兵、难以为继。最后确定的方案，除了少数还钱以外，基本都债转股。这是和陈元及央行几位司长一起研究的方案，最后在北戴河国务院办公会议上就这么定了。

北戴河会议以后，小华说："这些情况我不太熟悉，将来具体处置的会议就由你去开吧。"我说："镕基同志说让我好好帮助你，你让我去，那我就去吧。"所以陈元同志在人民银行主持债权人会议，是由我去参会的。陈元说：今天请大家来，就是来处理光大信托的问题。先请孔丹同志来讲一下经国务院批准的方案。于是，我就开始照本宣科地报告方案内容。其中欠了中石油三亿美元，是啊，三亿美元呀！这在 1996 年是个很大的数目，当年他们把闲钱投到我们这儿生息来了。中石油的财务总监老贡后来一天到晚给我打电话，半夜三更也打。我接电话只能说，你就是杀了我，我也没钱啊。

实际上如果当初光大信托真正完成了债转股，这也是我的主意，就相当于止损了。因为所有的债都不用再支付利息了，也就是把 140 亿的债务变成了原来债权人的 140 亿股权。实际上，我们光大信托的资产也没有二三十个亿啊。我们测算过，如果光大信托清盘也就每股一两毛钱。后来，方案中的债转股部分出现问题，遭到强烈抵制，又要翻过来再支付，而且变成要记利息，这样累计下来，整个光大信托给光大集团带来的损失就是约一百四十亿资产全额的 90%。

债转股方案后来就做了妥协，还是偿债，只是延期执行。怎么办哪，先筹集资金。朱小华毕竟在人民银行待过。他找了工、农、中、建四大行的行长吃饭，向大家伸手求援。每家借给光大一部分资金，人民银行再贷款 20 个亿。就这样在各大行的支持下，光大融了近百亿人民币的资金，当时这是巨额资金了。

当时光大首先是要应对支付性的危机，但是，我觉得更深层的问题是投资失误带来的实际经营状况的危机，这个危机比支付性危机还要严重得多。怎么解决呢？支付性危机可以用现金流来解决，但是经营状况危机只有一条路，你必须赚钱把它补上；填上这个亏空只能靠赚钱。

本来朱小华因为他过去的职务，有很好的条件，与部委办的联络，与各省的关系也比较熟，影响力也在。镕基同志让他做光大董事长，他也是雄心勃勃的。而且朱小华活动能力很强，中国移动在香港上市，光大拿了 1.5% 的股份，中信当时也只拿到 0.5%，说明大家都很给他机会吧。

他比较激进，比较急于扩张。亚洲金融危机之前，有一段时间他曾经被香港的报纸称为"金手指"——golden finger。因为光大有很大的资金量，可以搞各种投资。而且光大买哪个资产，那个资产就涨价；买哪只股票，那只股票就升值。所以都说朱小华是"金手指",点石成金。

但我对这些并不很乐观,我一直在讲我的看法。有一次开会,他讲了很多光大发展中各方面投资的好消息,感到很振奋。可我吹了个冷风。我说:"我觉得要尽快把已经升值的东西套现,要尽快地实现利润。不要停留在账面上,要让现金回到光大集团。"我提了"三个一点":战线要收缩一点,不要拉得太长,不要什么都投;兵力要集中一点,做事情不能太分散,要集中在几个地方;多少要储备一点,因为对经济走势看不清楚。这跟他的调子不太一样。

我们当时在香港有三个上市公司:光大国际、光大科技、光大金融。我的具体建议是把其中一个趁行情好注入到另一个,现金就会回到集团,就能实现我们的盈利。我们当时做了一个大动作,把一部分光大银行的股权注入到了光大金融里去,使其股价高涨,一天之内,股价从五六块钱涨到十五六块。我说这是一个机会,你把它适当减持,我叫"一菜两吃",既能实现光大银行的股份化,又能把光大银行的股权在一定情况下变现了,原来股价只有五六块钱,现在涨到十五六块钱了,那能套现就赚了。

但是亚洲金融风暴一来,股价在金融危机以后急剧下跌。我把这叫过山车效应。有那么几天非常好,你如果抓住了利用好的话,就是套现,就能获利。结果呢,朱小华都没有做,失去了这个机会。朱小华也非常懊悔。我说:"你要做了,你那手指就真的成金手指了。"这个机会失去以后,朱小华时期光大的投资也都出现了问题。作为一个集团公司,单从一个实业的角度解决不了问题,一定要利用资本市场的功能。

　　由于朱小华过于自信，过于乐观，我觉得光大从经营的角度错失了良机。相反的一个例子是，1996 年荣智健和其他高管买了中信泰富约 20% 的股份，中信套现大约一百亿。那是金融危机前，套现 100 亿，是不得了的事儿，盈利可能是五六十个亿。光大就丢失了这么一个机会。

　　光大在香港的财务签字运作机制，是分 A、B 组。A 组是朱小华加上几个人，B 组是我加几个人。朱小华很聪明，但不是很有控制自我和节制权力运用的能力。后来抬轿子的人太多了，他就有点乱了方寸了。各种朋友簇拥，有些资金的动用，他就回避我，绕过我，虽然我是总经理，也不跟我打招呼。在这件事上，我觉得朱小华也是多心了，你绕过我干什么啊？我最多也就是过问一下借钱的人有没有偿还能力而已。看来，我这个人比较方正，一般邪的歪的不找我。

　　后来光大的纪检组长臧秋涛，对朱小华和商场上的一些人来往有意见，就上书反映。臧总这个人很正直，他把自己了解的一些情况对江总书记上书具名实告。此事交办下来之后，中纪委也找我核对了一些情况。核查人员说，奇怪啊，光大账上差不多有两亿美元的资金调动，你作为总经理怎么能不知道？我说，我真的不知道，你们核对的情况，我也没听说过。后来检察院又来找我核对，说："你这个总经理，怎么能没有参与呢？"我就给他解释了香港公司运作中的 A、B 组模式。

　　此事之前，中组部也找我谈过话，我向他们谈了我对小华的意见和看法。我说，这些意见都可以放到桌面上的，我也都在不同的场合用不同的方式向他本人表达过；我希望你们用干部，也要教育干部；我不过是他的一个总经理，你们是代表组织的，你们该谈话就谈话，该教育就教育，也可以告诉他孔丹同志对他的意见。1999 年夏秋之际，朱小华被"双规"；人行副行长刘明康接任光大董事长，我继续作为总经理配合他工作。

光大出这些问题，里面也有一定的必然性。它在那样的一个环境里面，缺少很明确的行业战略，也没有国家资本金的有力支持，让它自发地在由计划经济向市场经济转型的过程中发展，是相当艰难的。如果是充分竞争的一个市场经济，自生自灭也是正常现象。可光大又不是，也可算是"大而不能倒"吧。它也受到了垄断性的企业的压力，受到竞争的压力。光大发展中的曲曲折折，我至今没有看到一本完整的东西来加以总结。描述中信的历史现在有本书，叫做《艰难的辉煌》，在香港还出了另一个版本，叫《中信三十年》；但系统写光大历史的，我至今还没有看到。

访日之旅

在光大工作期间，有一件事值得一提。1989年"六四"之后，西方国家制裁中国，日本当然也在其中。1990年，大约是在春季，我们有六个人组成了一个中国青年学者访日团，当时是由中信与以日本外务省作为后援的一间民间机构——亚洲太平洋讨论会组织安排的。

六个人中，王岐山时任中国建设银行副行长，马凯时任国家物价局副局长，秦晓时任中信集团董事，我时任光大集团常务董事。会上，马凯做有关中国经济发展和改革开放的主旨发言，其他人各自承担有关方面的一些交流。我记得岐山不愧"名嘴"之称，在与日本外务省、通产省等高官激辩中尖锐鲜明，语带机锋。马凯则一如其历来风格，沉稳平实，坚定自信。我在回答日方对中国投资环境的批评时，一方面表明了我们应有所改进的态度，另一方面则反诘他们：如果中国的基础设施发展成日本那样，中国的经济发展水平到达日本的程度，日本在中国还有那样多投资和赚钱的机会吗？

访日期间我们与日本朝野、政经各界交流，经常发生我们以理性但强硬态度对日方强势心态的争辩和较量，让日方领略到了我们的实力。据反映，这次访日对各界震动颇大。有一次我们与日本兴业银行首席经济学家、日本首相经济顾问小林实餐叙，提到了由于日本经济实力的增强，有著述出来讲"日本可以说不"的观点。小林实则十分担忧日本产业空洞化的趋势，讲到日本年轻人纷纷离开实业转向金融的现象。席间我们也说到了是否有一天中国也可以说"不"。

二十余年过去了，小林实先生已经故去了，他的担忧成了现实。自1990年后，日本经济陷入了长期的低迷，中国则发展成为经济大国，有了更多在国际事务中的话语权。我们六个人的人生也沿着不同轨道展开。岐山、马凯都成为党和国家领导人，正发挥着他们对中国整个国家发展的重要作用；秦晓和我坚守在中央企业直至退出一线岗位，各自作为主要责任人留下了自己的努力成果；朱悦宁和唐若昕二人后来分别去了中旅集团和对外保险公司，但因个人违纪和违法问题分别被"双规"和刑罚，着实令人扼腕叹息。

我们六个人迄今的个人经历和职业生涯大有不同，但都未离开过中国改革开放的大潮。

转进中信和更名改制

我到中信时，是在第三任董事长王军任上，他那时已经做了五年的董事长。我觉得中信与光大有一个对比就是，中信的发展比较稳定。

2000年工作调整，把我调到中信。当时秦晓在中信作为总经理跟王军配合已经有五年了。这五年时间里，中信经历了发展过程中的很多波折。那时，中央组织部长曾庆红同志跟我谈话：你调动一下，中信规模比光大规模要大，考虑你还是有这个工作能力，觉得你能比较好地配合王军的工作，所以就做了这么一个调整。同时，刘明康调到中国银行任董事长；交通银行原董事长王明权调到光大任董事长兼总经理；不久以后，秦晓调到招商局任董事长。

到中信时，我脑子里是带着问题来的。在光大，刘明康同志主张不要再搞金融和非金融的多元发展，应该从非金融领域的业务中退出，集中到金融，包括银行、证券、保险、信托行业中去；所以光大对原来的实业投资项目，基本上采取各种方式逐步退出。

中信也是多元化发展的，发展到今天，按照监事会在 2009 年报告里面提到的，中信的行业涉及发改委发布的九十多个行业目录里的五十多个。也就是说，中信经过长期的收缩战线，相对集中后，也依然分布在五十多个行业中。我刚来的时候，原工商银行行长张肖还是中信副董事长，她说她感觉中信像一个小国资委。常振明也赞成这个说法。那时候中信真的就跟一个国资委一样，我们有很多企业，还跨很多行业，管理的难度很大。中信的发展战略需要进一步清晰，管理架构需要进一步调整来适应发展要求。所以我来了以后，配合王军同志在原有的基础上，按照"有所为有所不为"的理念，来继续调整中信的业务结构和管控模式。

众所周知，光大和中信后来发展的状态，有相当大的差别。总的来说，无论是外部的评价，或是中信内部的评价，都觉得中信要比光大的发展好得多，从总资产、净资产规模的增长，盈利能力的提升，管控模式的完善都有很大的差别。其中一个很重要的原因是，中信领导班子的稳定性强，行为不那么短期化。光大经历了六任董事长，除了创始人王光英外，邱晴、朱小华、刘明康、王明权，以及现任的唐双宁，都是从银行业来的。它的历史比中信短四年，董事长的更替却比中信频繁，而且基本上是外部调入的。在中信，荣老板是第一任董事长，魏鸣一是第二任，王军是第三任，我是第四任，现任的常振明是第五任，相对稳定。王军这第三任董事长就做了 11 年。从一个企业的发展来讲，王军是中信的创始人之一，所以对中信是在什么样的历史环境和背景下建立的，它在发展的历程中间遇到了一些什么样的挑战，怎么样应对的，有多少成功，有多少问题，有多少教训，他都十分清楚。领导层相对的稳定性是中信持续发展的一个保障。

对于中信，小平同志有题词："勇于创新，多作贡献"；江泽民同志有题词："开拓创新，勤勉奋发，办好中信"，这两代领导核心都在亲自关心中信的发展。中信在各个领域创造了十几个"第一"，像商业楼宇的第一——巧克力大厦，号称中国第一商业楼宇；第一笔外债——日本的武士债，美国的扬基债；第一个以企业身份参与到卫星的发射；第一个银行，就是除了国有商业银行以外的第一个银行是我们的中信银行。后来首钢办了一个华夏银行，然后光大也办了一个光大银行。所以现在国有银行的格局里面，具有突破性意义的应该是中信。应该说它真正起到了小平同志希望的：在原有的计划经济体制下，在荣毅仁同志的带领下实现改革开放的尝试。

中信在国家经济发展中所发挥的作用可以明确表述为：开放的窗口，改革的先锋。我觉得这个说法应该是恰如其分的。从当时作为对外开放的窗口，到现在国家经济对外整个围墙都拆了，开放已经是一个常态了。但那个时候能够去跟海外的商业机构进行一种国际化市场化的沟通合作，应该说中信是领先的，其他机构在很多观念上还都受到限制。光大也是跟着中信的路子走的，只不过它开始在地域上走的更远一点，把总部设在了香港。所以对我来说，我到中信时，它的发展已经超过二十年，有一定规模，还得到了中央领导多次肯定。当然，它也存在着历史形成的一些问题。在王军为董事长、秦晓为总经理的那一任中，我们内部的说法叫"王、秦体制时期"，很多问题已经被认识到并且努力去调整了，主要就是把行业集中、战线收缩、项目更集中，有所为有所不为，进而有为，退而有序。这个过程对于成长了20年的一个企业，从领导班子到广大员工，要完全统一认识并加以践行，还是一个比较艰难的过程。我来了以后，基本是秉承原来"王、秦体制"的这个基本思路。

刚到中信，我在党委会上提出了一个问题：中信到底是不是应该像光大一样把我们的行业集中到金融来，像光大一样放弃非金融领域？我提这个问题，其实并不是为了在中信求解，而是要解答我自己在光大的困惑。因为中信肯定不能从非金融领域退出。

一方面，中信的非金融领域是一个非常重要的发展基础；另一方面要发展金融，而且要发展综合性金融。中信当时是具备了综合性金融机构基本架构的，因为行业齐全，中信有银行，有证券，有信托，有保险，有基金，有资产管理，有金融租赁，有期货，所以它应该具备这个条件。金融危机前，这正好是国际上金融业发展的一个潮流，欧洲叫全能银行，美国叫金融控股集团。

当时既要坚持多元化经营，又要强化我们的金融业，而强化金融业的一个重点就是要把它搞成综合金融机构。我来中信以后参与的第一件往前推动的大事，就是把中信从中国国际信托投资公司改组为中国中信集团公司。经过向国务院多次的汇报、沟通到最后获得批准，中信就从原来的一个非银行金融机构，变成一个非金融机构，成为一个投资公司了。在中信集团这个层面不直接从事金融业务，把信托业务也拿到集团下面的子公司去了。这样下面的子公司就有了银行、证券、信托、保险等系列性的金融行业。马凯作为国务院常务副秘书长，为这次改制付出了心血，他与中信是有缘之人。

我当时做的一些基本工作，还是继续按照当时中央希望中信起到的作用，继续沿着开拓创新的路走下去。具体的像中信更名，我们内部叫更名改制。大家开始还是有点想法，中国国际信托投资公司这个名称是个老字号了，这个老招牌是荣毅仁创立的，是不是应该改？但是从后来我们对业务结构的分析来看，不把它倒装是不行的，倒装以后就形成了一个叫中国中信集团公司。从长远看，这样的一个改变，为后来再进一步的发展奠定了一个良好的结构性基础。

这是在 2002 年朱镕基任总理的时期进行的，也是我接任总经理以后完成的。之前，我们既要坚持金融业，也要坚持非金融业，我们要在此基础上做强做大金融业。怎么能做强做大呢？你跟工、农、中、建、交这些大型国有银行不能去比规模，我们要做出自己的特点。中信的特色就是金融业务齐全，可以给客户提供全方位的金融服务，本着这个理念和已经具备的基本条件，我们就提出了这样一个架构。为此，集团下面还设有一个金融控股公司，我们曾经试图把所有金融业务的控股权放在这个机构里，但是这件事由于可操作性不强，没有完成。

因为中国混业经营没有法规，没有监管的具体框架，到今天银监会也才提出了并表监管。但是对中信这样的混业经营情况也不够啊，因为证监会也在管，保监会也在管。目前尚不具备一家监管机构就能对中信整体实行监管的条件。

中信的财富是什么？我非常赞同王军董事长在《中信三十年》一书的前言里面写的：中信有那么大的资产规模，那么强的盈利能力，但从根本上说，最重要的是中信有创新的能力。因为中信是在市场竞争的环境下成长起来的。所以我不太同意秦晓的一个说法，他说对国有企业不能称其为一个真正意义上的市场经营单位，他认为国企没有真正的企业家。这么一种判别方法我是不能接受的。

中信自己就是这么在市场竞争中成长起来的。当时我到中信，在我配合王军董事长期间，一个是做业务结构上、管控机构上的改革，一个是做激励机制上的改革。我长期以来一直认为，我们的国有企业跟外资、跟民营企业竞争，各有各的优势，但是我们最大的一个劣势，就是激励约束机制不适应市场竞争的需要。过去传统的大国企，薪酬很低，干多干少、干好干坏一个样，所以它浪费、低效。因为吃喝消费对它来讲无所谓，个人利益没有和整体利益放在一起。我到中信后，王军很支持我在这方面搞改革，他说："薪酬这些事情很复杂，实在是搞不清楚，你来弄这块吧。"所以，我来以后首先分管两大块事情：一个是分管财务；一个是分管人事，人事就包括薪酬体系。我在中信的几年，基本上建立了一个分润式的激励机制，一般的说法就是和经营业绩紧密挂钩的激励机制。同时，为了防止追求虚假利润，强化了以财务真实性为核心的审计体系。

我为什么用"分润"的说法呢。我曾看过山西历史上的票号，印象很深。它的激励机制很简单，叫"身股"；就是所有票号的职员，按不同的岗位和职务都有一个没有资本金的股份，分享票号的盈利，现代化的说法就是"干股"。我看了以后觉得，清代的晋商还确实知道怎么把人心给凝聚起来，身股的作用就是干好干坏直接影响到员工的切身利益，而这种切身利益又与整个票号的经营状况息息相关。员工和企业一荣共荣，一损俱损。我们在中信由人力资源公司帮助制定的薪酬方案得到了推行，其中的分润式激励，使个人利益和公司利益实际都挂钩了，而且挂得很紧，真正地实现了"共进退"。分润制，形象的说法就是，你创造一块钱的利润，公司就让你能得到一毛钱的分润。这种机制现在基本上贯彻到中信的各个领域、各个企业了。这种机制实际上可以在很大程度上解决国企原有的一大弊病，对中信的稳定和发展应该是起到了很好的作用。中信没有获得国家投入的大量资源和资本，没有占据垄断性领域，它在激烈的国内外市场竞争中成长，需要相应的激励约束机制来支撑。

中信银行上市

我作为总经理期间还遇到一个严峻的挑战，就是中信银行的改制上市。中信银行和其他大型银行一样，由于银行经营管理体系在形成发展中的缺陷，在中国改革开放的历史过程中，积累了相当多的问题。当时银行顺应地方发展的要求，曾承担了大量地方经济发展中融资的功能，而地方上很多项目是不具备真正偿付能力的。所以，银行积累了大量的呆账、坏账。

我到中信不久，在深圳第一次见到了中信银行深圳分行的曹行长。我问他："深圳分行情况怎么样？"他说："深圳中信银行有大约一百亿的不良资产。"当时我很震惊，我说："你这个数字的位数要搞清楚啊，100亿！"一个小小的中信银行深圳分行呆坏账就是100个亿！果不其然，一查下来，整个中信银行，开始的数据说是283亿，最后算下来是超过三百亿不良资产！中信银行的资本金也不过才几十亿而已，按照会计准则处理的话，已经是资不抵债。所以那时候中信银行的问题，就成为整个中信集团向前发展的主要问题，而且是集团面临的最大危机。

那时对我们来说形势太严峻了。我记得我刚到中信的时候，就向常振明讲了我在光大遇到的资金流动性和经营亏损问题，那种"内无粮草、外无救兵"的苦日子。常振明说："孔总，只管放心，你那种日子不会再有了。"这句话，不是不幸而言中，是不幸而未言中。严峻的资金流动性不足问题、严重的银行危机问题，又再次让我遇到了。银监会只给我们三年的时间，要求我们三年内把不良资产处置和资本金补充的问题解决好。

我和王军多次研究，用什么方式解决这个危机。简而言之，一条路就是向国家伸手，像工、农、中、建四家银行一样。朱镕基当总理的时候，为工、农、中、建四家银行剥离了一万四千多亿的不良资产，分别成立了四个资产管理公司。在改制上市过程中，国家又对它们剥离资产和拨付大量资本金。另一条路是靠自己集团融资，再大规模对银行注资，处理呆、坏账，足额拨备、核销，夯实资产，达到监管标准，改成股份制银行，择机上市。

这件事儿上我还是起了很重要的作用。马凯当时在国家发改委做主任。我就找马凯，探讨能不能批准我们发债，发大额的债券。他说，你们应该找人民银行，找银监会啊，不能找发改委啊；我们发改委是搞项目的，我们只为项目批准发债券。我说，你们可以把中信集团解决中信银行资本金问题作为一个项目来看待，通过发改委批准我们发债，这也是改革，也是创新啊。这样，2003 年由发改委报国务院批准，我们发了 100 亿的债，其中 60 亿专项用于补充银行资本金。2005 年又按这一程序发债 90

亿，其中 87 亿用于补充银行资本金。

除了发债融得的资金和一定量的利润留存外，还另借了几十亿资金，但借的钱后来审计的时候成了违规问题，说是没经过国务院批准。这样，就靠这总计约两百多亿人民币拨到中信银行补充了资本金，银行的三百多亿不良资产拨备、核销了两百多亿，这一下我们的资本充足率的问题就解决了。基本上，我们就具备了一个健康发展的条件。也确实是在三年内，到 2006 年的 3 月 31 日，我们启动了中信银行改制。同年 7 月，我接任王军任中信董事长的职务，不久又兼任了中信银行董事长。次年的 4 月 27 日，中信银行在香港和上海 A+H 股同时上市，彻底解决了这个问题。

我们自己的概括就是：自费改革，自费"留学"。因为 H 股是到外面发的，是"留学"嘛。中信银行上市融资总量约六十亿美元，认购倍数是 90 倍，那是很令人振奋和激动的数据。我现在回想起来，还会很兴奋。当时做推介路演，我带一队人去美国，中信银行行长陈小宪带一队到欧洲，常振明坐镇北京，和证监会保持协调。我出门大概才三四天，认购率就超过十倍了。别的行业我不知道，就算是到今天，90 倍的认购率可能还是中国银行业海外认购倍数最高的。

中信银行上市一下子就把中信银行的危机克服了，我们就转危为机了。中信人现在信奉的观念：危机危机，危机包括 danger，也包括 opportunity，它既是危险，又是机会。我们把危险转化为一个高速成长的基础，那它的作用有多大呢？当年我们招股的时候，报告的预期盈利是税后 57 亿。实际上我们上市当年，就实现盈利 83 亿，超出预期。2007 年一年就实现了这么大的一个增长，非常不容易。这样的业绩在中信各机构里过去是很难想象的，除非它是非经常性的盈利，而中信银行这是经常性的盈利。这件事情上，应该说我作为总经理，尽职尽责地配合王军董事长做了我所能作的贡献，又作为董事长完成了这个任务。

王军退出一线岗位那个晚上，我们举办了一个活动。我喝了点酒，借着点醉意说："中信在外人看是一个谜，在我心中，中信的发展也是一个需要破解的题目。"我的意思是，中信这样的发展模式，从行业战略到管控模式，既有它的成功，也要打个问号，就是要解答一些问题。我在 2006 年 7 月接任董事长时，做了一个鲜明的表态：既要稳定、连续，又要开拓、创新。我用了一句话来概括我们的使命：一定要把荣毅仁董事长开创的，在魏鸣一、王军董事长率领下，全体员工共同奋斗发展到了一个新的历史起点的中信，继续推向新的发展平台。我给自己明确的任务是：谋划战略、推动重点、团结班子、改善管理。

这时，我们有一定基础了。我接任后第二年实现了银行的上市，集团税后利润跃升到 160 亿。这种发展速度，有人叫跨越式，有人叫飞跃，后来我概括说，应当叫弯道超车。本来我们有很多问题，有很大风险，按王军董事长的说法，要"居危思危"，但是在危机中我们抓住了机会。中信虽然有一个很好的业务架构，但较长时期没有很好的盈利能力。中信的盈利能力常年保持在十几个亿、20 个亿，在此之前，把中信泰富约 20% 股权卖给荣智健个人那一年，是中信历史上盈利的一个高峰，因为可以获得高额的非经常性利润。很多时候我跟国外客户交流时，都不愿意谈资产负债表和盈亏损益表，因为它还不够一定的规模。国际商界谈盈利，货币得用美元或欧元计，计数单位得用 billion。①不用 billion 说话，你在别人心目中就是层次不够。以前，我们的盈利还不到一个 billion 的 U.S. dollars。到了 2007 年，我们把银行的基础打好了，而且其他一些业务增长也比较快，我们可以说中信有两个 billion U.S. dollars 的盈利了。

到中信后，我觉得中信的形象很好，信用很好，从不赖账。90 年代信托公司到处出事儿，什么粤海出事儿，光大信托出事儿，都是不还钱、赖账、削债。可中信是把所有借来的钱都还了，这是荣毅仁、王军培养出来的一种商业道德和经营准则。我觉得这真是了不起的，中信没赖过一分钱的账。但是，我们的盈利能力还不行，我们的竞争力还是不够强，所以我就着力推进这方面的战略。当 2007 年我们第一次宣布年净利润 160 亿的时候，整个员工的心态都有了很大的变化，受到了鼓舞，增强了信心。

---

① billion，英语数量词，10 亿。—— 编撰者注

不知明年今夕是何人

2007 年是我们的翻身年，2008 年理所应当是一个丰收年。2008 年上半年，金融危机的前锋已经来了。我记得年初的时候，我和高盛的 CEO Lloyd Blankfein 在北京有一次聚餐。当时华尔街的投资银行，有一些因为经营衍生产品已经损失惨重，出现问题了，但高盛还是一直盈利的。我问他："别人都亏了，你为什么还能盈利？"他说："我保持了一个神经高度紧张的状态，我们觉得这些产品盈利已经到头了以后，就出手。"但就是高盛的 CEO 说这些话的时候，其他的一些金融机构却还在购入。就像后来垮掉的贝尔斯登、雷曼兄弟，这两个华尔街的老投资银行都差一点跟我们中信合作。他当时问我有什么想法，我说，我们要做出一个比较直观的应对，Money is King，^① 我要储备现金。要是没有能力来处理危机的冲击时，就会被各种资金的连锁反

---

① 现金为王的意思。—— 编撰者注

应拖垮。我的想法，就是我们要留有相当的现金储备来应对潜在的危机。

2008 年，我自己觉得我们中信的状态还不错，自我感觉良好。秋季我出访北美，从加拿大到美国纽约，那天是 9 月 22 日，周一。前一个周一，即 9 月 15 日，雷曼兄弟公司宣布破产，美国银行宣布收购美林。本来我第二天上午的日程表上，安排的就包括和雷曼兄弟的 CEO 富尔德（Dick Fuld）见面。人家说，这家公司没有了，已经破产了，你已经找不着他了。而在本周日高盛和摩根斯坦利按照新的监管要求必须转型为银行控股公司。我去见了高盛的 CEO Lloyd Blankfein、摩根斯坦利的 CEO John Mack，他们谈到经营情况时都忧心忡忡。那时候，实际上是金融危机开始爆发。我有点挖苦地说："我们还比较弱小，没有能力去承受那么多 billion U.S. dollars 的损失。"我说："你看，你们比我们厉害，一盈利就多少个 billion，一亏损也是多少个 billion，我们还没有这个能力呢。我们的规模比不了，但目前我们经营状况尚可。"我的心情还有点看别人的热闹呢，自己觉得在企业经营方面跟他们比，还没有掉到困境里去。

当时摩根斯坦利的解决方案就是拉日本人入股。那天我从纽约上城到下城，误了时间，约的是下午 4 点钟见，我 4:40 才到，John Mack 在 5 点钟还要开全球的会议，就谈了十几二十分钟。我感觉他已经处于一个疲惫不堪和精神压力极大的状态。对比下来，我们还是比较稳定。我的精神状态中，还完全没有意识到一场重大危机正在逼近。

2008 年 10 月 20 日，中信泰富澳元期货合约危机暴露了，股价暴跌。这危机简单地说，就是中信泰富为了做澳洲的铁矿项目，做了个金融衍生产品，美元用一个价格和澳元挂钩。这个产品的特点是赚钱时上封顶，每一单上封顶，一共有十几单，每一单上封顶可以有300万美元的盈利；但下不保底，亏损时则不保底。这一损失，按市值算，从10月份的八九十个亿，逐渐就到了一百二三十个亿，到2008年底我们在实施解决方案的时候，已经是154亿港币的损失了。没想到我挖苦美国金融家的话在自己身上灵验了，这回给我们一把就形成了小三十亿美元的直接损失。我们整个集团一年才挣多少钱？那时候王军到我办公室来，我就问他："王老板，你觉得这次这事儿，在中信历史上是不是最大的一次危机啊？"他说："当然是最大的一次危机。"

这次危机带来的直接问题是亏损，是按billion计算的。更严重的问题是信用。如果中信泰富因为这次损失而对银行的很多偿付出现问题，这些银行就可能止贷了，就会把原来给它的信用额度停掉。那么，整个中信泰富，我印象中是六百亿左右的负债，一旦出现问题，那我们中信集团能不能承接？这时候我已经在想，这么大的问题是不是我们中信还能够解决啊？

老常后来跟我说，他那段时间是真正的夜不能寐，天天睡不着觉。我呢，本来是比较看得开的人，也算经历过大风大浪的，弄得晚上思考能力下降，甚至停转，早上五六点钟突然醒来的时候，还盘算这个账怎么算，这个仗怎么打。我当时还发了一个感慨：不知明年今夕是何人。我的意思就是，明年这时候我们中信还活着吗？我们还能喘气儿吗？真的就是这种想法，因为我不能预期这个后果。如果一旦中信因此垮台，成为中国的雷曼兄弟，我对上对下怎么交代啊！

在紧急调研的基础上，我第一时间召开了党委会、常务董事会，在周末闭门开了一天会，从稳定大局出发，制定了一个一揽子解决方案。方案分两个部分。一是把澳元期货交易按三分之二的数量由中信集团接过来，按一澳元换 0.7 美元的价格，我们把这个合约承接过来，剩下的三分之一留在中信泰富，亏到什么程度由它自己承担；我们的方案准备是，中信集团分担一部分损失，同时还要让泰富留一部分损失。二是中信泰富不是需要补充大量资本金来应对吗，那我们中信集团就入股，但因为当时需要大额外汇资金，缺口很大，所以拟从农业银行借款，作为入资。这又是一个大事。那时候农行正在改制上市，一位领导同志听说中信要伸手要钱，恼火啊！后来搞明白中信是借钱，才批准了，说，在不影响农行上市的前提下可以借。这样，我们从农行借了 15 亿美元。

具体怎么操作的呢？我们原来在中信泰富持有 29% 的股份，荣智健为首的管理层持有近 20% 的股份，还有些其他的股东和公众。我们建议按增发股票的安排，以八块港币一股入资。当时泰富按净资产计算差不多是每股 16 元，但当时的市场交易价最低时只有四元。我们出价每股八元，这个价格对中小股东都合适。但这属于重大的关联交易，中信要注资进来，定的价格合适不合适，不能是中信说了算，需要开股东大会，由中信以外的股东投票决定；结果还引发了香港一些反对派来踩场，就是到开股东会的现场来闹事，说我们不合程序什么的。但是大多数中小股东都认为中信集团负责任，市场价格四元，中信出八元买，价格合理。

可我们亏了吗？我们也算过账，净资产是16元，我们用比净资产便宜一半的价格买股权，一点也不亏。而且关键是股民们认为我们确实是真心实意地帮助中信泰富渡过难关，是负责任的。2008年12月19日，我们的方案最后获得股东大会99%票数通过。那天，我们中信几个负责人都在香港，为了控制局面，常振明已经先接手中信泰富的CEO了。这个案例将来也许可以进教科书的，完全可以作为一个处理危机的教材实例。

那时候，按照中信承接的合同，汇率上每一分钱的变化，相当于两亿多港币。我记得，马凯有一天碰到我，见面就说："哎，今天变成7毛1了！"他说的就是一澳元对美元的比价，连他都在关注着汇率变化。我说："谢谢你这样关心啊！"

回想起2008年底前的那个周末，我们开党委会研究对策。我说，盈利100亿这个台阶对于我们的中信员工是重大的心理关口，我们好不容易冲到了160亿，好不容易冲上这个台阶，整个中信人都非常振奋，怎么能说垮下来就垮下来了。

那个时候，中信内部员工和管理层的情绪都非常大。他们说，我们讲管理，我们讲约束，结果泰富出了这么大问题！我们一年也就挣这么多，现在倒好，这一把就亏了这么多钱，怎么交代？我说，咱们大家一定要继续共同努力，继续保持各自的正常运行，努力为中信集团的效益做贡献。当年，泰富恢复了正常运行，次年实现净利润59.5亿港币，2010年实现净利润89亿港币。

中信集团既帮助泰富渡过了危机，也使集团的投资实现了保值增值，并为保持香港金融市场的稳定作出了贡献。2008 年这一年，经过努力拼搏，最终中信集团的净盈利是 142 亿，没有掉下来，还是保持了百亿以上的水平。

"兄弟俩央企"

在结束口述史之前，想说说我和孔栋兄弟俩的事。

我们有个同父异母的哥哥陈模，是我父亲和前妻张越霞之子，他姓了我父亲本姓。陈模哥哥不幸在45岁时就去世了。

我们还有个姐姐，从我母亲留存下来的1941年的那张照片看，她大大的眼睛，非常漂亮。由于当年工作安排顾不过来，我母亲将她托付给一个陕北的老乡，后来再去找时，据那个老乡说，姐姐不幸夭折了。我有时会突发奇想，也许那是老乡的一番说辞，是为了将我姐姐留下而编造的。她可能还在世，过着与我们完全不同的生活。

这样，我家只有我和孔栋兄弟俩。我们兄弟之间感情甚笃，非同寻常。我比弟弟年长一年三个月，都是在东北生的。他小时叫东东，即东北之意。

幼年时，我很倔很愣，显得很青涩；孔栋则很乖很甜，十分讨人喜欢。我们一起长大，一起经历20世纪50年代"大跃进"

和 60 年代困难时期，到我考上四中，就成为弟弟的"榜样"。他考初中时未能如愿进入四中，而上了六中，遂发愤读书，终于获得了北京市教育局颁发的"金质奖章"，比我还高一档。按当时政策，他可以择校保送，但四中当时太牛，不接受外校金质奖章的保送学生。他毅然放弃了保送其他学校的机会，而参加了中考的拼搏，终于凭真才实学如愿以偿考上四中，成为那时家里的一件喜事。

此后，我们兄弟俩在四中度过了高中和"文革"初期，那是我们命运交集在一起最长的一个阶段。我是学校里优秀的学生干部，他也力争优秀。我在"文革"中成为"西纠"的头头，他是"西纠"的四中纠察连的"连长"，我们一起参加过多次与造反派组织的冲突。但我们最沉重最黑暗的日子，也发生在那段时光里，那就是 1966 年 12 月 23 日，下午我被抓进监狱，父亲也被隔离审查，当夜母亲去世。母亲的自杀在当时被视为"叛党"行为，面对极大的政治压力，是他一手料理母亲火化的简陋后事。尔后，母亲的骨灰被孔栋背到山西省山阴县他插队的王庄存放多年，相随相伴，直至 1975 年母亲初步平反昭雪，骨灰才被安放到八宝山革命烈士公墓。张劲夫同志是大教育家陶行知的弟子，甚为推崇中国传统的文化道德，每每提及孔栋背着母亲骨灰上山下乡一事，就赞曰："真是大孝子！"

1969 年，我被校方强制赴延安插队，不能与孔栋一起去山西插队，我们开始了长达约十年分隔两地、各自奋争的日子。但我们兄弟时有聚会，最令我永远感动并难忘的，是 1971年春我因感染大叶性肺炎吐血，体质虚弱，他从山西雁北西渡黄河，历尽艰辛，赶到陕北延长的高家川探望我，还替我出工干活挣工分。生活的困顿一直未能磨灭我们兄弟俩的斗志，我们在苦撑和奋斗中互相支持，在艰辛中不忘读书。林彪"九一三"垮台后，我们又一起分享了与内蒙古插队的几个兄弟游历祖国山河的欢乐。

1972年底，当周总理批准我们兄弟俩只能一人回京时，我们互相推让，他坚称自己身体好，应让我先离开农村。最后还是父亲做了决定，让我先行回京。即使如此，我内心仍怀着一丝对弟弟的亏欠之情。他后来转至江西南昌小兰公社继续插队，我则在京陪侍父亲。

1974年，孔栋得到了一个成为工农兵学员的机会，进入了江西工学院，比我早四年摘掉高中生的帽子。我则是到1978年直接考取了硕士研究生，我把这称为兄弟俩的"交替前进"。

1978年，孔栋毕业后返京，到一个科研机构工作。未几，他做了轻工业部部长宋季文的秘书。1983年他前往深圳，在中国海洋直升机公司开始了他在航空领域的职业生涯。

有很长一段时间，我们兄弟俩与父亲住在一起，其乐融融。那时我们父子三人都迷恋桥牌，经常一起与万里、吕正操等老同志较技，还拿过多次冠军。其间，可能因为名声在外，我们兄弟俩被邓小平伯伯邀到家里打桥牌，一周两次，大约三个月，那真是一种感受特殊的经历。

邓家的人都称小平伯伯为"老爷子"，邓老爷子的搭档通常是丁关根或王汉斌。老爷子的牌感极好，丁关根的算力上乘，两人配合默契。老爷子平素沉默寡言，我们在叫牌时也低声细语。

我们怀着对伟人的崇敬，那样近距离地看老爷子打牌时专注的神态，赢牌时的喜悦，输牌时的懊恼，感觉很奇特。记得有一次，我和孔栋因对叫牌、出牌意见不合，忘形地吵了起来。忽然听得老爷子一句四川话："吵啥子嘛！"音虽不高，却"如雷贯耳"，确有不怒自威之感。顿时，我们俩为之咋舌，"噤若寒蝉"之态毕现。我们打牌时，邓朴方常坐着轮椅在旁观战。邓楠有时过来支招，有一次支错了招，弄得老爷子把牌叫"冒"了。那副牌的定约应叫到五个黑心即停，却被叫成六个无将的小满贯。结果被我们大赢，宕了两副。那次叫冒了牌，惹火了老爷子，我们才看到一次他发脾气的神态。

有时我们会被留下吃晚饭，饭后再战。一大桌子人，令我们俩很拘束，老爷子会很体谅地说一句"来的都是客，不要客气，随便吃吧"，随后就一言不发了。我们俩也稍解紧张的心态。

我到光大后直至退出一线岗位，在光大 16 年，在中信十年，都是改革开放的窗口，都是多元化的综合性公司。同期，孔栋则在航空业领域多次调动工作，但都业绩突出。

1983 年至 1991 年，在中海直创建和发展的过程中，他作为助手配合几任领导，特别是王兵（王军的哥哥）总经理，发挥了重要作用，也经历了通用航空行业发展中各种艰难险阻的洗礼。

1991 年，他被调到了深圳机场集团，从副总到任总经理、党委书记。在航空业的另一个领域——机场的经营管理中，他作为一把手，带领着大家，仅用了四年时间，就用"深圳速度"使深圳机场成为全国第四大航空港；不仅使深圳机场的业务得到了快速发展，更通过历练积累了领导经验。

　　因为在深圳机场工作中赢得的口碑，1995 年他被选调成为北京首都机场扩建工程指挥部总指挥，负责第二航站楼的建设。他在外地工作十几年后，又回到了北京。那期间，我担任了光大集团的总经理，经常来往于光大的北京总部和香港总部之间，可以在起飞和降落时直接看到工程的形象和进度。我颇为他以往未曾有过领导大型建设工程项目的经验而担心，因为机场是人来人往的功能性极强的地点，而且是北京市确定为国庆 50 周年的"献礼"工程。我曾试图提示他：搞得好是纪念碑，搞不好就是耻辱柱。至 1999 年，第二航站楼工程竣工验收为质量、工期、造价优秀工程，而且被评为"鲁班奖"，我这个做哥哥的才松了一口气。那年在经历了光大的危机和波折后，我被调到中信集团任总经理，也回到了北京工作。

　　孔栋在经历了通用航空、机场管理、航站楼工程建设之后，在 2001 年又进入了航空业另一个领域——民用航空运输业。自此以往，正是我在中信的十年，他一路在这个高风险的行业里达到了职业生涯的顶峰，直至 2011 年 11 月退出一线主要领导岗位。

　　应该说是一种巧合吧，在我们兄弟俩多年的"交替前进"中，都在自己 59 岁时，分别担任了中信集团和中国航空集团的一把手，都分别经历了 2008 年至 2009 年金融危机对这两个中央企业的冲击，都分别带领着自己的企业达到了发展历史上的高峰，又都分别在 63 岁时按照中央有关规定得息仔肩，退出一线岗位。在这期间，两个机构也进行了一些重大合作和重大交易。

我很珍视的一张照片，是我们兄弟俩在中信银行和中国国际航空公司合作发行联名信用卡的仪式上拍摄的。此外，中信泰富把持有的国泰航空股份转让给中国航空集团，则是体现了两个机构各自战略重组的重大交易，体现了央企强强合作的双赢原则。

我也珍视地保存着一份报纸，上面有 2009 年中国年度管理大会评出的"最具价值企业领导人"照片，我和孔栋皆列于其中。

孔栋领导的中国航空集团在民用航空业取得国内首位、全球领先的业绩。2010 年，国航成为市值和利润全球第一的航空公司，他也被评为 2010 年度中国十大经济人物。这令我感到自豪，为我这个好兄弟在职业生涯中取得的成功自豪。那以后我经常跟其他人调侃："我是中国年度十大经济人物孔栋——他哥！"那一年，我自己赴美国领取了亚洲协会颁发的国际商业奖，同时获奖的还有思科的 CEO、孟加拉的妇女部长及获得公共政策奖的当时的美国参谋长联席会议主席马勒上将。

有人说我们家是"兄弟两央企，一门四部级"，多少是以"官本位"的眼光看待我们这一家人。实际上，我和孔栋只是中央管理的企业领导干部，并无行政级别，只能算是高级干部吧。值得欣慰的是我们一家人都尽了自己的最大努力，为民族复兴和国家兴盛，做了自己能作的贡献。

完美收官

2009 年，国际国内的经济都遇到了美国金融危机的挑战。那一年，借着处理中信泰富危机，用一句话叫逆风飞扬，中信反而实现了跨越式发展，或者说再次弯道超车。不是都困难吗？不是都有问题吗？不是都有风险吗？中信的特点就是能处理危机，能应对危机，而且我们清楚看到里面有些什么商机。我们眼睛一直盯着，抓住机会，该收购的收购，该抓住的盈利点一定要抓住。这样，转年的 2009 年我们的净利润又跨了一个大台阶，到了 189 亿，彻底走出了这次危机。

这次金融危机虽然有很大的风险，但我们还是抓住了机会。按市值来算，我们向农行借款 15 亿美元收购中信泰富的股权，起码增值了一倍以上。另外，我们的澳元与美元期货合约，也赚了五六亿美元，合几十亿港元吧。

对此，大家说要总结经验。我说，别都觉着自己行。那时候中信银行上市也觉得自己行，实际没那么行。我们做了极大的努力，但是我觉得在成功的因素中可能只占三分，另外七分"靠天"。我说靠什么？用农民的话说就是：人努力，政策对，天帮忙。我把这话改为：人努力，领导好，天帮忙。所谓人努力，我觉得我们真是做到了十二分的努力，以至于我都说出了"不知明年今夕是何人"这种话；所谓领导好，是我们的主管领导，王岐山副总理和国务院的其他领导，还有很多有关部门的负责同志，都领导和帮助我们解决处理许多难题；所谓天帮忙，就是澳大利亚的澳元这一年走强。当然反过来说，就这个"天"也是中国撑起来的，如果中国经济不增长，没有对矿产品的需求，澳大利亚经济就会一蹶不振。但是澳元一走强，对我们来说等于是帮了大忙。可以说，天助自助者，这事儿还是得自救。

中信银行的危机处理得好，使我们的盈利能力有极大的提升。中信泰富的危机，我们处理得也很好，使我们的营运能力又得到提高。从这两次危机中，中信的盈利能力发生了什么变化呢？我在 2009 年就概括了中信经营状况当年是"三个三"：资产规模 3000 亿美元，销售收入 300 亿美元，盈利水平 30 亿美元，都是 billion，billion，billion。这样，我们就会有一个更大规模的发展。

到我任期最后一年，就是 2010 年，我们的净利润是 332 亿，在中央管理的金融机构和国有企业中，除了工、农、中、建、交五大银行，中石油、中石化、中海油、中移动、神华等这些国家投入的资本和资源我们无法与之相比的企业在前，我们的盈利水平就紧随其后了。

对于中信来说，比盈利水平增长更具有战略意义和影响力的是它的海外拓展。中信作为开放的窗口，早年就为了国家建设的需要，在美国投资木材生产基地，在澳大利亚投资电解铝生产企业等，成为中国企业在海外开拓资源的领先探索者。多年来，中信坚定地践行着国家的海外战略，在海外工程和投资等方面，成效卓著，形成了以非洲、拉美、中亚、中东、澳洲以及欧洲等区域为主的海外市场布局。在非洲，有阿尔及利亚的东西高速公路项目、安哥拉的社会住房项目、南非的焦化和黄金项目、加蓬的锰矿项目；在拉丁美洲，有委内瑞拉的社会住房项目、巴西的火电厂和铌生产项目、阿根廷的地铁车辆项目；在中亚，有哈萨克斯坦的卡拉赞巴斯油田及沥青项目、乌兹别克斯坦的钾肥和纯碱生产项目、土库曼斯坦的客车项目；在中东，有伊朗的德黑兰地铁和扎兰德焦化项目；在澳大利亚，有电解铝、煤矿和中国在海外最大的铁矿项目；在欧洲，有白俄罗斯的水泥厂项目、西班牙的重机项目、德国的汽车零部件项目，如此等等，规模少则几亿美元，多则几十亿美元，不一而足。

我们与很多国家的政要也建立起了稳固的工作关系以至友情交往。其中，有个颇有趣味的故事。2008 年 1 月，哈萨克斯坦总统纳扎尔巴耶夫来我国海南三亚度假，我陪他在红峡谷高尔夫球场打球，在 B 场的第七洞，那是一个三杆洞，他打了个一杆进洞。他非常欣喜地告诉我，这是他第一次打一杆进洞，还要我给他作证，后来我还为此专门定制了一个奖杯送给他。那天打球时我们边走边谈，他明确而郑重地对我说："希望中信在哈萨克斯坦不只投资资源性项目如石油等，还要投资在非资源项目上。"后来，我们在哈萨克斯坦的投资就是这样做的，既投资了石油开发，又投资了加工石油的沥青项目，还与哈方共同设立了投资于非资源领域的基金，发挥了中信的示范效应。这些都得到了纳扎尔巴耶夫总统的信任和支持，促动了两国的经济交往。此后，他多次来中国时，都会安排与中信领导层的聚会，对我及其他同志去哈访问都给予很高的礼遇。

可以说，中信在海外的拓展，不仅得到中国领导人的支持，也得到各国领导人的器重。其战略意义，不仅在公司发展层面上，更在于国家交往层面上。

中信泰富的危机后，中信又面临着一个大事儿，就是这种发展能持续吗？这种发展能够不断地扩张吗？还有我们的经营模式，是不是能够从行业战略和管控模式上适应整个经济发展的要求？这些问题，其实在金融危机前我已经思考了很长时间，所以我提出，我们整个集团也要上市。

按照通常的路径来说，一定是先整体上市。可我们是从竞争中间走过来的，如果当初不把我们的下属机构、优良资产一块块先搞上市，我们就活不下来。

中信证券就是自己走出来上市的。那时候，王东明找我，一定要我找当时证监会的主席周小川，希望得到他的支持。如果没有那一步，哪能形成一个中国证券行业中最大的证券公司呢！这个时机叫我们抓住了。当年我来中信的时候，中信证券和光大证券规模差不多，但中信证券抓住了时机，这也体现出了我们的竞争能力。

再说中信银行，我们中信集团现在持有中信银行约60%的股权，而招商局持有招商银行的股权则不到10%。有一次我跟秦晓聊天，他说他们招商局盈利不少，一百多亿吧；我说我们中信比你多点，三百多亿吧。他说，你们怎么会那么多呢？后来他明白了，噢，你们在银行的股权占得多，并入的利润就多。可是我们的银行股权占比之所以保持较高的比例，是怎么来的？是自己发债筹集资金作为资本金注入形成的。那些资金现在已经十几倍的增值了。

即使中信这几年盈利不错，但是我认为，原来的模式不可持续。因为你再走下去，就不是航母舰队了，就会变成一个一个独立大队了。银行，自己走出去了，盈利能力越来越强，银行现在净利润是300亿；中信证券高的时候一百多亿，低的时候也几十亿。那中信集团自身应该如何定位呢？

我觉得，中信的发展始终要考虑在国家经济发展战略中的地位，这也是我们制定企业战略的前提。如果没有企业战略的定位，就会变成单纯的投资公司。哪块投资增长了，就把它卖了，卖了再买，买了再卖，是走这样一个路线呢？还是形成我们自己的主导业务？

比如，中信银行按照眼下的发展速度，不断需要补充资本金。如果中信集团具备强大的融资能力，我们就可以保持银行在一个时期内的资本金的补充。银行做一次增资，中信集团就得拿出一百多亿甚或数百亿资金，虽然盈利规模大，但是占用资金量也大。如果中信集团不能做出这样的投资，那么必然带来股权的稀释。所以，从2007年中信银行上市，2008年我就琢磨集团整体上市这事儿了，我给岐山副总理写了报告。他把报告转到证监会，证监会给我们回复意见，说A股不能上，因为你下面的公司都已经上市了，你集团公司就不能再上了。重复上市，就违反法规了。我说，我们研究过，香港可以，香港更市场化，我们就到香港改制上市。如果中信集团在香港整体上市，就融资来说，大概一次性可以拿回来 600 亿到 700 亿人民币。

此外，中信集团整体上市，还有一个意义就是资源配置能力的提升。如果没有这个基础，没有这个实力，中信朝哪个方向倾斜啊？推动哪个重点啊？怎么发展呢？凭什么发展你所想发展的行业？而我们确定的企业战略是：若干领域领先，综合优势明显。其中一个重点是金融业，还有一个重点是非金融业里边的资源产业。搞资源得花大钱啊！中信哪儿来那么多钱呢？我们花了 20 亿美元收购了哈萨克斯坦的一个中小型油田，已经把我们压得喘不过气来。矿业是重资产，是资金密集型的。通过集团整体上市，我们有了融资平台，有了融资能力，才能有资源配置的能力，我们集团才能够向这个方向发展。

还有，业务盘子大了，对集团的管控能力是一个很严峻的考验。你到底能不能应对？中信泰富危机就是一个很大的问题，虽然后来转危为安，但毕竟是出现了一个重大突发事件，中信历史上绝不能再出第二次了，绝对不能再出这种事儿了！所以每一次弯道超车，资产膨胀，经营能力提升，似乎就不能不带来下一个潜在的危机，不能因此再酿成一个更大的危机，让更多的人睡不着觉；所以，"独立大队"的模式不能延续了。

基于这些考虑，我就极力推动中信集团整体上市这件事，慢慢地去跟大家沟通，后来我跟老常两个人一致努力地往前推进。2009 年，我们又把 H 股上市的方案报到国务院，征求了十几个部门的意见，经过很长的审批过程，2010 年的 5 月 19 日，国务院正式批准了。

令人非常高兴的事情就是，2011 年 12 月 27 日，恰是我退职正好一年的时候，中信集团正式改制了，改为中信股份有限公司了。这又是中信集团历史上迈出的一大步。这就是上市前结构上的调整，实在费了很大的功夫。股份公司成立了。但是真的哪天能实现上市除了人努力，还是得天帮忙，等市场的环境好转以后再推进了。

工作的最后十年，我不会说这是值得骄傲的十年，但一定是有成就感的。中信对我个人的意义是什么呢？那就是给了我一个平台去施展自己。

王军说，中信最宝贵的资产是什么，是创新能力，市场竞争能力！可以说，我继承了中信的传统加以努力践行，并且做出了一个阶段性的答卷。而且我觉得我们的经验、教训都可以上教科书，但是都是不可复制的，是中信自己的，是中信特有的。我的概括是：在建设有中国特色的社会主义道路上，建立有中信特色的发展模式。

我担任中信集团董事长期间，也是中信实施"十一五"发展规划时期。"十一五"时期，集团在"十五"时期良好发展的基础上，圆满解决了历史遗留的不良资产问题，推动并完成重点业务和子公司改制重组，在金融和非金融领域形成一批优势企业，沉着应对国际金融危机冲击和考验，成功化解了中信泰富澳元期货合约问题，主要经营指标逆势持续大幅增长，提前并超额完成"十一五"规划确定的发展目标，整体资产质量、盈利能力、竞争能力显著提升，实现了规模、质量、效益的跨越式发展，使这一时期成为中信集团成立以来财务状况最好、资产质量最高、发展速度最快、盈利能力最强的时期。2009年集团首次入选美国《财富》杂志"世界500强"企业排行榜，排名415位；2010年再次入选该排行榜，排名254位，大幅提升161位。2011年（根据2010年业绩）排名提升至221位。

中信集团 2006—2010 年主要经营指标　　（单位：亿元人民币）

项　　　目	2006年	2007年	2008年	2009年	2010年	十一五时期增量	年复合增长率
总资产	9,272	13,188	16,241	21,538	25,298	17,471	26%
净资产	456	985	1,087	1,352	1,729	1,295	32%
营业收入	806	1,094	1,570	1,884	2,608	1,802	34%
净利润	65	159	142	189	332	267	51%

国有资产实现持续大幅增值。中信集团自成立以来共获得国家投入82.7亿元，其中现金拨付2.5亿元，资产划转23.4亿元，退税增资56.8亿元。实际上中信发展中的有效资金，也就是2.5亿早期拨付的那点资金。截至2010年末，中信集团合并净资产与国家累计投入相比大幅增值近二十倍，若剔除近两年税收返还增资39亿元，增值约三十八倍。

目前我们中信的净资产已经突破两千亿了，2012年"世界
500强"排名已提升至194位。在很多人看来，这简直是不可思
议的，但这就是改革开放催生发展出来的中信，交给国家和人民
的答卷。

"论定"何须待"盖棺"

时光如水，岁月如梭，到 2010 年年底，我因已年过 63 岁，要正式退出一线岗位了。2010 年 12 月 24 日，平安夜那天，是周六。我当时在香港，突然接到中组部电话，让我赶回北京，要求下午 4 点前到，因中央领导同志要跟我谈话。我赶紧搞机票，加上飞机又晚点，到了北京又赶上平安夜塞车。结果下午 5 点半才赶到。我一到，人家就说，习副主席在等你。本来应该跟我先谈，然后再与常振明、田国立谈。结果我迟到了，近平同志就跟他们先谈了，最后才与我谈。

我进去就说："不好意思，我来晚了。"他问："为什么，堵车？"我说："不是，是紧急通知我从香港赶回来的。"他看了一下中组部副部长王尔乘说："其实来不及，你们可以晚一点嘛。"我就赶快说："没关系，我已经赶到了。"一个长桌子，他坐桌子端头，面前摆着一份谈话提纲。我坐在边上，主管我们的王尔乘在我对面坐另一边。2006 年任命我做中信董事长时，是政治局委员贺国强作为中组部部长找我谈话的。我原来以为这次也就是按惯例由中组部部长李源潮同志接见，没想到是由习副主席亲自谈话，我想这既是体现了对中信的重视，也是体现了对我本人的关心。他代表中央，详尽表述了对我各方面的充分肯定和褒奖。其中，近平同志说："你在中国改革开放的两个窗口——中信、光大多年，工作卓有成效。"这个概括令我为之感动和欣慰。也使我想起，近平同志是很念旧的。2009年他视察他父亲习仲勋同志当年下放劳动过的洛阳中信重机公司（原为洛阳矿山机械厂），我前往接待。一见面，他就对周围同志说："孔丹的母亲和我父亲在国务院是同事。"我赶忙应答："哪里是同事，习仲勋同志是副总理兼秘书长，我母亲只是副秘书长，是下级。"他笑言，那也是同事啊。那次他还专门会见了他父亲当年的工友，情词恳切地感谢那些曾经在习仲勋同志落难时予以关爱帮助过的白发苍苍的老人们，令人感到十分温暖。

我是2010年12月27日被正式宣布免职的。次年，中央对我做了一次全面的审计。正式的表达叫经济责任审计，在任的也有，离任的也有。同期审计的中央金融机构负责人，在任的比如工商银行董事长姜建清，中央管理的国企负责人离任的比如有招商局董事长秦晓，领导干部在任的比如有上海市长、天津市长、北京市长、工商局总局局长等。实际就是按中央规定，所有的部门、省市、央企和中央管理的金融机构主要负责人都要进行审计。中信规模庞大，行业繁多，我在任期间碰到的危机和波折也比较多，所以2011年审计的过程也相对复杂和漫长。审计署在全国一共有20个特派员办，这次到中信来了13个特派员办，审计工作人员达数百人之多。这次审计的广度、深度和力度，在中信集团历史上都前所未有。四个月的现场审计的方式非常彻底、深入，给我本人和中信各机构很大压力。我把这一次的审计，当作是对我个人虽未"盖棺"先"论定"，给我的职业生涯画上一个意义重大的句号。

最终，审计署出具的审计报告，从贯彻执行国家方针政策和决策部署，实现集团整体持续协调健康发展；深化体制改革，完善经营决策机制；健全公司法人治理，强化内部控制和风险管理；整合集团业务和组织架构，有效发挥综合经营效能；加强财务管理，提升经营效益水平等方面，充分肯定了我履行经济责任所做的工作，明确指出根据考核结果，2006 年以来集团国有资本经营情况处于金融业整体平均水平以上，实现了国有资产保值增值。审计结果表明："孔丹同志任职期间，不断推动中信集团向现代综合经营公司发展和改革，逐渐形成了集团控股、子公司专业化经营的格局，集团整体经营规模、盈利水平、竞争能力显著提升。"应该说，这不仅是对我本人履职尽责、工作业绩和职业操守的一种认可，而且是对中信这个多少在社会上被视为"另类"的中央企业奋斗三十多年取得的阶段性成果的一种认可。

我可以算是荣退，中央充分肯定了我 40 年的工作。整个审计用了近一年时间，也结束了。我很高兴，做出的审计结论与中央对我的肯定大体一致。

我个人的经历，有过些苦难，有过点灿烂，至此终于可以归于平淡。从 1960 年代四中的学生领袖到"西纠"的红卫兵首领；由银铛入狱到家破人亡；赴陕北插队，承接地气，磨砺身心；恶补苦读硕士研究生，再扎根基；两年秘书工作，开阔视野；其间以身犯难，上书言事；此后一路16年在光大，十年在中信，屡经波折，不懈奋斗。这几十年里，我觉得我把自己的个性张扬了，把自己的人生积淀发挥出来了。

我不太在意说人生什么成功啊，失败啊，人生就是一个过程，成就感也不过是你觉得有些事情做得有意义罢了。重要的是你能为这社会做点事儿，你能改变一些什么。所以我觉得，人不能志大才疏，不能眼高手低，关键在于坚持踏踏实实做事，认认真真做人。而做人的根本在于坚守本性纯良，遵循理性引导，只要努力一切都从实际出发，而不是从各种教条、教旨、教义出发，即使有过迷失，也能回到正途上来。

说到迷失和正途，只有融入中华民族百年兴衰的大潮，个人的成败利钝才有其真正的社会价值。我们的先贤先烈们孜孜以求，艰难探索，只是在从中国的实际出发时，才踏上了正途，无论是革命，还是建设，无论是改革，还是发展。一旦脱离中国的实际，从舶来的什么教条出发，抄袭复制什么人家的范本，就会迷失，就会误入歧途。"中国特色"是凝聚了邓小平卓越智慧的概括表述，实际上是中国百年复兴路径追求的基点。与之对立的，是时下盛行的民族虚无和历史虚无的思维定式，是对西方原教旨价值观、政治观和经济观的顶礼膜拜。这种对立从以往到今天，再到未来很长时期，都成为对我们一代又一代人的严峻挑战和考验。

我们作为这些特殊年代的亲历者，从那个特殊年代艰难走过来的一代人，我觉得我们有责任和义务，把我们的经历、遭遇和所作所为，把我们的思想过程和反思翔实记录下来。米鹤都所做的这代人的口述历史，非常有意义，希望有更多的同代人留下自己的有关记录。对历史有所交代，交由后人评说。

我与不久前故去的南怀瑾老师有多年交往。他说我这个人平生有豪气，遇事沉得住气，勇于任事，敢于担当，做事认真，做不好的事宁可不做，要做就一定要做好。1999 年秋他题过一幅字给我，是断改了辛稼轩那首广为流传的《破阵子》而得句："醉里挑灯看剑，梦回吹角连营。了却君王天下事，赢得生前死后名，可怜白发生。"① 其中应除却悲凉之感，以意气风发之慨，激励我辈为国家民族有所作为。于今，声名于我可以抛诸脑后，该做的事能了却多少，我也是自知的。我只能说，我尽力了。

今年过 65 岁生日时，马凯写了一首诗送给我。我觉得写得很符合我的个性和经历，只是可能有些溢美之处。就用它作为结语吧。

半生长卷已斑斓，

更有殊才上笔端，

最是较真终不改，

难得本色任天然。

---

① 辛弃疾《破阵子》原词为：醉里挑灯看剑，梦回吹角连营。八百里分麾下炙，五十弦翻塞外声。沙场秋点兵。马作的卢飞快，弓如霹雳弦惊。了却君王天下事，赢得生前身后名。可怜白发生。——孔丹注

图书在版编目（CIP）数据

难得本色任天然／孔丹口述；米鹤都编撰．—北京：
生活·读书·新知三联书店，2015.4 （2025.1 重印）
ISBN 978 - 7 - 108 - 05186 - 8

Ⅰ. ①难…　Ⅱ. ①孔…　②米…　Ⅲ. ①孔丹－自传
Ⅳ. ① K825.38

中国版本图书馆 CIP 数据核字（2014）第 283092 号

责任编辑　唐明星
装帧设计　康　健
责任印制　董　欢
出版发行　生活·讀書·新知 三联书店
　　　　　（北京市东城区美术馆东街 22 号　100010）
网　　址　www.sdxjpc.com
经　　销　新华书店
印　　刷　北京隆昌伟业印刷有限公司
版　　次　2015 年 4 月北京第 1 版
　　　　　2025 年 1 月北京第 3 次印刷
开　　本　635 毫米 × 965 毫米　1/16　印张 18.75
字　　数　153 千字　图 104 幅
印　　数　45,001－48,000 册
定　　价　68.00 元
（印装查询：01064002715；邮购查询：01084010542）